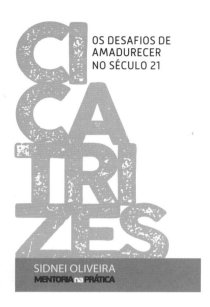

OS DESAFIOS DE AMADURECER NO SÉCULO 21

SIDNEI OLIVEIRA
MENTORIA na **PRÁTICA**

CICATRIZES

OS DESAFIOS DE AMADURECER NO SÉCULO 21

SIDNEI OLIVEIRA
MENTORIA na PRÁTICA

INTEGRARE business

Copyright © 2018 Sidnei Oliveira
Copyright © 2018 Integrare Editora e Livraria Ltda.

Editores
André Luiz M. Tiba e Luciana Martins Tiba

Coordenação e produção editorial
Estúdio Reis - Bureau Editorial

Copidesque
Rafaela Silva

Revisão
Pedro Japiassu Reis

Projeto gráfico e diagramação
Gerson Reis

Capa
Q-pix – Estúdio de criação – Renato Sievers

Foto do autor
Renata Pitanga

Dados Internacionais de Catalogação na Publicação (CIP)
Andreia de Almeida CRB-8/7889

Oliveira, Sidnei
Cicatrizes: os desafios de amadurecer no século 21 /
Sidnei Oliveira. - São Paulo : Integrare, 2018.
168 p.

ISBN: 978-85-8211-101-7

1. Mentoria 2. Conflito de gerações 3. Jovens - Conduta 4. Profissões 5. Maturidade 6. Gerações I. Título

18-0255   CDD 305.23

Índices para catálogo sistemático:
1. Jovens – Aconselhamento - Mentoria

Todos os direitos reservados à
INTEGRARE EDITORA E LIVRARIA LTDA.
Rua Tabapuã, 1123, 7° andar, conj. 71/74
CEP 04533-014 – São Paulo – SP – Brasil
Tel. (55) (11) 3562-8590
Visite nosso site: www.editoraintegrare.com.br

AGRADECIMENTOS

Gratidão é uma palavra que precisa de muito mais ação do que intenção. E esse é o melhor momento para escrever um livro, pois me permite lembrar com carinho de pessoas que apoiam e incentivam meu trabalho. Pois eu tenho:

Gratidão ao amor de minha vida, Giovanna Mel. Viver ao seu lado tem sido uma aventura que dá sentido à pergunta "quando foi a última vez que fez algo pela primeira vez?". Sua persistência e até, algumas vezes, insistência, trouxeram-me motivação e força para escrever, e seu amor e carinho foram fundamentais, principalmente quando eu estava finalizando o livro e você, com seu sorriso e olhar que me encantam, ajudou-me a não desistir.

Gratidão pelo companheirismo de minha amada filha Amanda, que tem amadurecido de forma intensa e acelerada, deixando-me orgulhoso como pai. Sua trajetória nos últimos anos me inspirou de maneira muito especial.

Gratidão pela vida do meu filho Rodrigo e de sua esposa Sara, e agora do meu amado neto, Samuel. Suas vidas são uma constante inspiração e alegria para mim. Ver agora, especialmente meu filho, começar a ajudar uma linda alma a amadurecer, encanta-me.

Gratidão às minhas amigas e parceiras Carla Orioli e Rani Peixoto. As palavras trocadas, os cafés da manhã na Escola, a torcida constante, o cuidado com nossa missão e, principalmente, a alegria e gentileza sempre presentes são estímulos para continuar meus estudos com paixão.

Gratidão ao meu companheiro e sócio Nelson Bressan, por acreditar na caminhada da Escola de Mentores e por se dedicar com diligência e disciplina na arte de aprender a ensinar e de ensinar a aprender.

Gratidão ao meu estimado amigo e escritor Eduardo Carmello, que além de me presentear com mais um prefácio – que tem um doce sabor de depoimento sobre mentoria – também me emprestou alguns de seus conceitos para validar minhas ideias nesse livro, muitas delas debatidas em nossos já conhecidos "cafés insights".

Dedico um especial agradecimento aos meus editores André Tiba e Luciana Tiba. Recebi com muita alegria a "pressão" para concluir esse projeto, diante de uma oportunidade. O entusiasmo que vocês sempre demonstram e tratam os meus pensamentos é estimulante e me faz sempre querer escrever um novo livro.

Finalmente agradeço a você que empresta alguns momentos de sua vida para prestar atenção aos meus pensamentos. Você é um espetacular incentivador do meu trabalho, por isso desejo sempre ser merecedor de sua leitura.

Sidnei Oliveira

APRESENTAÇÃO

"Porque ninguém pode saber em seu lugar. Ninguém pode crescer por você. Ninguém pode procurar por você. Ninguém pode fazer o que só você deve fazer. A existência não suporta representantes."

Jorge Bucay

Mentoria – provocação ou referência?

Começar um livro com uma pergunta é bastante provocador e, certamente, possui o propósito de alinhar desde o começo qual é o significado por trás do crescente conceito de mentoria. Pode-se dizer que em essência um mentor é um grande provocador. Não no sentido negativo. Alguém impertinente, desagradável, implicante, agindo como se quisesse causar algum tipo de mal a outra pessoa.

É justamente o oposto, o mentor é aquele que estimula o indivíduo a encontrar dentro de si seus melhores talentos e usa a provocação como instrumento de desafio, principalmente quando apresenta suas próprias conquistas e derrotas como referências a serem superadas.

Evidentemente, é fundamental que as expectativas

sobre provocação sejam compreendidas pela pessoa que está sendo provocada, caso contrário, o relacionamento fica bastante prejudicado.

Quando um indivíduo percebe a provocação como um "ataque pessoal", dificilmente consegue absorver algum aprendizado da situação, pois provavelmente age de forma defensiva, bloqueando qualquer reflexão de aspecto positivo.

Por outro lado, quando o "provocado" compreende a situação como um desafio, imediatamente busca recursos internos que possam ajudá-lo a superar a provocação, obtendo como resultado maior autoconhecimento e melhoria na autoestima, pois agora sabe que pode superar desafios maiores, já que encontrou ou desenvolveu recursos pessoais que alcançaram resultados diante da realidade apresentada. Contudo, essa condição mais elevada só é alcançada quando há um alto nível de maturidade.

É nesse momento que temos o primeiro vislumbre de resposta para a pergunta inicial: Para que precisamos de mentores?

Diferente de outros "atores" que nos estimulam no desenvolvimento de nossas competências pessoais – tais como instrutores, professores, treinadores, tutores, mestres e coaches – o mentor se ocupa justamente de estimular o **desenvolvimento da maturidade do indivíduo**, promovendo circunstâncias que possibilitem ao mentorado elevar sua capacidade de lidar com as consequências de suas próprias escolhas, fazendo delas fonte de aprendizado e gerando **autonomia pessoal**.

Esse processo nem sempre é fácil de compreender. Detectar quando há uma mentoria pode ser difícil quando se está no meio da situação e, não raramente, só depois de algum tempo é que se percebe que houve a ação de um mentor em nossa vida.

Isso acontece porque, em grande parte das situações, achamo-nos autossuficientes e preparados para os desafios. Assumir alguma forma de deficiência pessoal é algo muito difícil. Normalmente, só aceitamos nossos limites depois que não alcançamos os resultados esperados em nossas ações e escolhas.

Quando concluímos, antes de viver a situação, que não estamos preparados, é mais comum desistirmos ou nos afastarmos do desafio. Se possível, atribuindo a responsabilidade a fatores como falta de recursos, falta de condições, falta de instrução ou mesmo falta de autonomia para realizar as coisas "do nosso jeito".

Normalmente, somos bastante generosos quando avaliamos nosso próprio grau de maturidade. Acreditamos intimamente que temos condições de enfrentar toda e qualquer situação em que nos envolvemos. Quando percebemos que nos falta condições é muito mais confortador nos colocarmos com vítimas das circunstâncias e minimizar os possíveis efeitos que a experiência poderia proporcionar em nossa maturidade.

É nesse momento que surge a figura do mentor. Alguém que passou por uma realidade análoga à do mentorado em diversas ocasiões e conseguiu ultrapassar os obstáculos pessoais, extraindo aprendizados únicos.

O mentor é alguém que alcançou um nível de maturidade mais elevado naquela realidade, permitindo que ultrapassasse os desafios com maior autonomia e que, em um determinado momento, se dispôs a transferir essa experiência para outra pessoa, para que esta possa também superar o próprio desafio.

Isso determina um conceito essencial na figura do mentor – **não há mentoria realizada por alguém que não tenha experiência na realidade que se pretenda mentorar.** Em outras palavras, alguém que se intitula **mentor** e não tem vivência no tema, não passa de um "palpiteiro". Pode até ter conhecimento do tema e ter estudado muito sobre o assunto, mas jamais será um mentor sem ter vivido a situação.

Claro que viver a situação não significa ter alcançado resultados espetaculares, mas sim ter extraído **aprendizados espetaculares** para a própria vida. Lições que alteram a percepção e a atitude diante de novas situações e ajudam a desenvolver os "truques pessoais". Aquele jeito especial de agir em determinadas circunstâncias e que nos diferenciam e até nos destacam diante de outros indivíduos.

Agora, uma coisa surpreendente é que, muitas vezes, identificamos mentores inusitados. Pessoas que acabam nos trazendo aprendizados incríveis sem nem mesmo terem a intenção. Vivem suas realidades, fazem suas escolhas e nos brindam com sua experiência, apenas nos permitindo observar atentamente como agem. Essa é a mais genuína mentoria que podemos obter, mas ela depende muito de um profundo desapego pessoal de nossas verdades internas.

Essa é a resposta mais simples para a questão inicial. Precisamos de mentores para nos ajudar a nos desapegarmos de nossas limitações internas, desafiando-nos a tocarmos nossos mais incríveis talentos.

Se em sua trajetória de vida você souber identificar pessoas assim, estará no caminho de encontrar seus mentores e, certamente, saberá para que você precisa deles.

Sidnei Oliveira

O **mentor não manda, ele sugere,** orienta e guia! Isso é o que Sidnei Oliveira nos oferece em seu novo livro, através de provocações e de um guia prático, que esclarecem e orientam o mentor quanto ao seu papel no desenvolvimento da maturidade.

Cicatrizes – o desafio de amadurecer no século 21, mostra a importância dos nossos sucessos e derrotas ao longo da nossa trajetória de vida e organiza, de maneira simples e agradável, como compartilhar esses aprendizados, criando condições para que o indivíduo alcance seu próprio amadurecimento em plenitude dos seus saberes e experiências.

Paula Giannetti
*Sócia-fundadora da "Patchwork - Treinamento, Desenvolvimento e Educação"
Conselheira Consultiva de RH e Professora da FGV*

Conheço o Sidnei há um bom tempo e sua paixão pelo desenvolvimento de 'gente', bem como suas áreas de estudo – em especial, a mentoria –, fazem do Sidnei Oliveira um escritor/palestrante extremamente interessante. Dizem que damos 'tempo' ao que é interessante! Sem dúvida, essa nova obra dele, *Cicatrizes*, nos traz um panorama sobre a mentoria e sua importância nesse novo contexto, onde é exigido 'performance', em uma era de transformações jamais vista em toda nossa história.

Flávio Maneira
Especialista em Treinamento e Desenvolvimento de pessoas

SUMÁRIO

Agradecimentos 5

Apresentação
Mentoria – provocação ou referência? 7

Prefácio
Mentoria e maturidade para o alcance
de seus projetos 15

capítulo 1
Para que precisamos de mentores? 21
    Mentor ajuda, mesmo quando atrapalha 23
    Todo controle leva à dependência 35
    Conquistando a Autonomia 38

capítulo 2
A maturidade exige escolhas, renúncias e consciência . 45
    Quem sou, o que sou e como sou? 47
    A individualidade exige contrapartidas 56
    Frustrar, decepcionar e seguir adiante 59

capítulo 3
Todo mentorado tem potencial 65
    Como definir um High Potential? 67
    Quanto custa um High Potential? 75
    Modelo de maturidade avançado 79

capítulo 4
Sem vivência não há mentoria 87
Conflitos, impasses e rupturas 89
Como definir um mentor? 97
Quanto vale uma mentoria? 107

capítulo 5
A mentoria e suas sutilezas 117
Qual a melhor forma de abordagem? 119
Quais assuntos devem ser abordados? 126
O fim do pensamento complexo 134

capítulo 6
Sessões de mentoria – Roteiros e processos 139
Encontro 1
O mundo completamente conectado 140
Encontro 2
Felicidade é algo que se realiza. 143
Encontro 3
Serei sempre assim? 145
Encontro 4
O valor do potencial. 148
Encontro 5
Qual o seu propósito? 151
Encontro 6
Cicatriz dói, mas ajuda muito 154

Formulários 157

Referências 163

PREFÁCIO

Mentoria e maturidade para o alcance de seus projetos

Eu vislumbrei uma oportunidade e iniciei um novo projeto estratégico. Estava muito empolgado e empenhado no seu desenvolvimento. Mas ele não estava progredindo da forma com que havia idealizado. A porta de oportunidade estava se fechando rapidamente e eu, perdendo o *timming*. Resolvi encontrar um mentor para me ajudar a compreender como analisar e "performar" melhor no desenvolvimento desse sonhado projeto.

O primeiro mentor me fez várias perguntas pessoais, tentando encontrar alguma "fraqueza ou gap" e assim desenhar uma trilha que pudesse melhorar minhas atitudes.

Não deu certo. Acho que não escolhi bem. Queria alguém para olhar mais para o projeto do que para mim mesmo. Não que não fosse importante, apenas não era o foco.

Daí encontrei um segundo mentor, que se apresentou mais empático e experiente. Tanto com minhas preocupações e metas do projeto, como com os processos e etapas que garantiriam o sucesso dele.

Houve uma diferença brutal de resultados, pois ele conhecia tanto de comportamento quanto do cenário complexo e do tipo de negócio específico que eu estava desenvolvendo.

Ele me ajudou compreender, por mim mesmo, onde poderia ser mais assertivo e esclarecedor com os parceiros do projeto e onde a otimização de alguns processos técnicos traria mais velocidade e precisão, gerando assim um desejo maior de compra pelos clientes.

O grande diferencial do meu segundo mentor era a experiência naquele ramo, que ajudou a duplicar a velocidade da minha curva de aprendizado.

Como o próprio Sidnei Oliveira diz, "o mentor é aquele que estimula o indivíduo a encontrar dentro de si seus melhores talentos e usa a provocação como instrumento de desafio, principalmente quando apresenta suas próprias conquistas e derrotas como referências a serem superadas."

Ele demonstrava em suas reflexões e ações um nível superior de maturidade, que eu tanto almejava. Ele me provocava a pensar melhor e eu sentia segurança em conversar e aprender com um profissional que já jogava naquele "campo de atuação".

Este livro do Sidnei Oliveira, que você segura agora, vai te preparar para ser o "segundo mentor". É especialmente indicado para o profissional que leva a mentoria a sério e que quer aprimorar sua arte de desenvolver maturidade e sucesso em seus mentorados.

PREFÁCIO

Repleto de conceitos, esquemas e ferramentas para uma atuação exemplar, o livro captura de forma majestosa os conhecimentos necessários para que você se destaque como um mentor relevante e realmente útil.

Eu gostei demais dos subcapítulos "Conquistando a autonomia" e "Como definir um High Potential", ambos fortalecendo a postura e relevância de um projeto de mentoria focado em autodescoberta e autorrealização.

É um livro que inspira a amplificar seus horizontes de análises, decisões e execuções do seu importante papel de mentor, permitindo que seus mentorados suplantem os desafios e obstáculos de suas jornadas com mais confiança, autoeficácia e autonomia.

Quanto ao meu projeto, foi finalizado com sucesso. Ganhou a velocidade e progressão que eu precisava, graças à qualidade e experiência do meu segundo mentor. E que continua comigo, para os outros estágios mais complexos dessa longa jornada de empreendedorismo, onde o aprendizado é eterno.

Eduardo Carmello
Diretor da Entheusiasmos Consultoria em Talentos Humanos

capítulo 1

Para que precisamos de mentores?

"É preciso conquistar cada dia de sua vida e saber diferenciá-los uns dos outros. Do contrário, os anos vão passando e você não terá nenhum domínio sobre eles."

Herb Gardner

Mentor ajuda, mesmo quando atrapalha

Existe uma falsa premissa de atribuirmos ao mentor a condição de "oráculo" – aquele que tudo sabe e que tudo pode prever.

Muitas pessoas, quando buscam um mentor, esperam encontrar conselhos com soluções absolutamente infalíveis para seus desafios. Muitas vezes, consideram que o mentor deve apresentar as respostas e soluções para seus problemas. Quando isso não acontece, chegam a desprezar qualquer palavra ou atitude que possa vir do mentor.

Em uma ocasião, ouvi um comentário inquietante, onde o interlocutor procurava estabelecer um conceito rudimentar sobre o papel do mentor. Ele dizia: "Diferentemente do coach, que jamais apresenta respostas e apenas faz perguntas, o mentor é aquele que dá as respostas e mostra como fazer as coisas.".

Triste esse comentário que não poderia estar mais equivocado. Jamais deveríamos dar créditos a esse tipo de conceito estigmatizado.

A comparação da forma de atuação da mentoria com a de outros agentes de desenvolvimento é inevitável, no entanto, não se pode reduzir ou distorcer um conceito para valorizar outro, afinal, estamos falando do desenvolvimento de pessoas.

Em meu livro *Mentoria – Elevando a maturidade e desempenho dos jovens*, estabeleço algumas relações entre os papéis do mentor, do coach e do professor e busco trazer um pouco mais de reflexão sobre essas comparações.

O modelo apresentado já é conhecido e tem recebido validação constante dos agentes de desenvolvimento humano. Ele estabelece uma relação que pode ser apresentada didaticamente pela figura abaixo:

Nesse modelo podemos representar o desenvolvimento do indivíduo através de sua construção de Maturidade em quatro etapas: Instrução, Competência, Especialização e Talento.

Instrução

Uma das características essenciais em "ser humano" é termos a capacidade de absorver, armazenar, codificar, decodificar e significar informações. Isso nos diferencia de todas as demais espécies conhecidas em nosso planeta.

Há milhares de anos a sociedade vem evoluindo na

forma de processar informações, com alguns momentos de memoráveis destaques, onde se pode observar grandes saltos evolutivos em nossa consciência humana.

Os mais antigos registros conhecidos são os desenhos em cavernas, criados por povos primitivos com seu cérebro rudimentar. As primeiras comunicações escritas, em forma de desenhos, de que se têm notícias são das inscrições nas cavernas 8000 anos a.c.

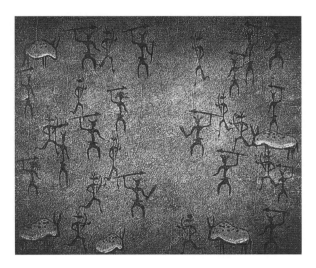

Com a evolução dos povos, o processamento de informações sofreu sua primeira grande transformação, onde se observou os desenhos se transformarem em conceitos mais abstratos através dos pictogramas criados pelos sumérios e dos famosos hieróglifos dos egípcios. Era o surgimento da escrita ideográfica, ou seja, que utilizava símbolos simples para representar tantos objetos materiais, como ideias abstratas.

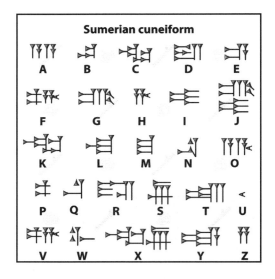

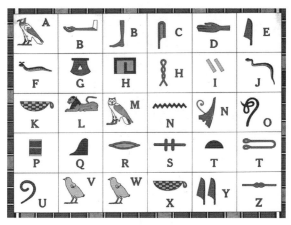

Outro grande salto ocorreu em 1445, quando o alemão Johannes Gutenberg desenvolveu a tipografia e, com a capacidade de multiplicação da informação, barateou os custos dos escritos da época e abriu a era da comunicação social. Com tanta informação disponível, surgiu também a necessidade de multiplicadores que pudessem ajudar as pessoas a interpretar, codificar e significar. Nasceu assim a figura do **professor** como conhecemos atualmente.

A evolução social e tecnológica resultante de diversos outros saltos nos trouxeram ao atual estágio, quando a informação flui através da internet de modo universal, acessível, mas com pouco espaço para intuição.

"O mundo parece ser um monte de fragmentos e é difícil ver como se juntam. A sabedoria foi substituída pelo conhecimento. O conhecimento foi substituído pela informação, pedaços de dados, blocos de dados"

Iain McGilchrist
Psiquiatra e autor do livro The Master & His Emissary

Toda essa trajetória ajudou a sociedade a conquistar grandes avanços e podemos até dizer que temos a tecnologia que permite ao indivíduo alcançar um estágio básico de maturidade apenas se submetendo às influências de todo processo de instrução. Evidentemente, isso continua dependendo de um fator fundamental, que é o do grau de interesse que a pessoa deve ter para receber as informações e abstrair individualmente seus significados, transformando as instruções em competências.

Competência

Quando armazenamos informações em nossa mente precisamos determinar significados que se conectem à nossa realidade, buscando estabelecer uma razão de utilidade para mantermos a informação. Quando isso não acontece, simplesmente desprezamos a informação com o tempo. Um bom exemplo disso é o fato de sabermos que a raiz quadrada no número 9 é 3, contudo, não temos ideia da utilidade da fórmula da raiz quadrada. A menos que você a tenha utilizado para alguma coisa mais útil do que alguma prova no ensino fundamental, ou tenha desenvolvido uma carreira técnica que precise utilizar a fórmula com frequência, por exemplo, sendo engenheiro.

Algo interessante nesse exemplo é que, quando falamos da competência de um indivíduo, há uma conexão direta entre a utilização prática de um conjunto de instruções e a frequência com que isso acontece.

Atribuímos a condição de competente àquele indivíduo que consegue realizar um determinado conjunto de instruções de forma adequada. Pode-se inferir que a competência é alcançada justamente na repetição de uma ação até alcançar um grau de excelência suficiente para cumprir o propósito do processo.

Esse grau de excelência, normalmente, é conquistado através de processos que exigem disciplina e acontece sob a orientação de um treinador ou coach, que tem como objetivo desenvolver e ampliar as competências do indivíduo, ou seja, ajudar as Instruções a se transformarem em Competências.

Quando o indivíduo alcança esse grau de maturidade, já está em condições de identificar seus talentos, mas para isso é necessário focar e se especializar.

Especialização

Em tempos de estímulo a um comportamento generalista para os profissionais, parece um contrassenso falar em especialização. Contudo, é justamente esse movimento que permite ao indivíduo ampliar sua maturidade, pois para se especializar em algo é necessário fazer renúncias, ajustando o foco no que é realmente necessário e, assim, alcançando um patamar mais elevado de competência naquilo que se escolheu.

Aprender a lidar com as próprias renúncias é fundamental para alcançar níveis maiores de maturidade, afinal, em grande parte das circunstâncias que nos envolvemos, somos obrigados a absorver as consequências de nossas escolhas.

São justamente os aprendizados que obtemos das situações que escolhemos nos envolver, sejam elas positivas ou negativas, que ampliam a autossegurança, uma vez que, como resultado do aprendizado, desenvolvemos uma maior autonomia para situações análogas no futuro.

Esse é o princípio que amplia a maturidade, pois podemos interferir nesse processo quando decidimos quais competências iremos desenvolver com maior profundidade.

Teoricamente, o conceito de especialização é ótimo, mas o grande desafio é aplicá-lo num tempo onde se espera que o indivíduo seja multipotencial, isto é, capaz de desenvolver diversas expertises para atuar em frentes múltiplas.

Esse conceito é apresentado como uma necessidade do cenário atual, que possui um ambiente dinâmico, onde ocorrem transformações constantes e onde já se projetam situações em que as atividades mais operacionais serão absorvidas por equipamentos dotados de inteligência artificial.

Esse parece ser o melhor argumento para o indivíduo optar por ser multipotencial. Entretanto, essa linha de raciocínio pode representar uma armadilha que afeta diretamente o desenvolvimento da maturidade. Afinal, fica evidente que o conceito de multipotencialidades é bastante sedutor para o indivíduo, pois tira dele a responsabilidade de ter que lidar com suas renúncias.

Na verdade, o que precisa ser melhor explorado no cenário atual são algumas características que o indivíduo, seja multipotencial ou não, precisa desenvolver, tais como:

- Ter a capacidade de **sintetizar ideias**, ou seja, combinar conceitos e capacidades para gerar algo novo;
- Desenvolver uma **aprendizagem rápida**, o que envolve a transformação acelerada de informações em competências;
- Possuir **adaptabilidade**, o que significa ser capaz de desapegar de conceitos, processos e coisas com facilidade.

Todavia, até mesmo essas capacidades, que poderiam ser consideradas **superpoderes** de pessoas multipotenciais, só podem ser alcançadas com foco e capacidade de gerenciar as próprias renúncias.

Quando não se considera o que a dispersão de energia pode representar, ao se optar por fazer tantas coisas sem foco, toda experiência vivida pelo indivíduo acaba sendo superficial, com a consequente perda de qualidade e afetando diretamente o aprendizado e, por consequência, o próprio desenvolvimento das competências, limitando assim, a manifestação dos talentos individuais.

Talento

Costumamos atribuir a ideia de talento à uma habilidade ou capacidade incomum. Algo especial e absolutamente único, com a capacidade de gerar facilidades para o indivíduo que possui o tal talento para determinadas atividades.

Claro que o conceito é superficial e rudimentar, pois qualquer que seja o talento identificado, ele não surge de forma espontânea. Na verdade, todo talento necessita de um ambiente propício para se desenvolver.

Uma atribuição possível para o talento é a **aptidão**: a capacidade de reunir um conjunto de características indicativas das habilidades próprias do indivíduo, que o torna capaz de adquirir algum conhecimento específico. É a capacidade de aprender.

Ampliando o conceito para o campo da Psicologia, é correto afirma que a aptidão contempla as capacidades cognitivas (ex.: emoções) e da personalidade do indivíduo. A aptidão está associada à inteligência e às habilidades inatas ou aquelas resultantes de conhecimentos adquiridos.

A aptidão é sempre o resultado da interação entre a hereditariedade e o meio, podendo estar relacionada a diversas áreas, entre elas, ao raciocínio lógico, ao raciocínio abstrato, ao raciocínio verbal, à habilidade numérica, à habilidade artística, à resistência física etc.

Pode-se atribuir alguns sinônimos para aptidão, tais como habilidade, competência, capacidade e destreza. Além desses, também pode-se associar a ideia de aptidão à **vocação**, que é uma competência que estimula as pessoas à prática de atividades que estão associadas aos seus desejos de seguir determinado caminho. Por extensão, vocação pode ser considerada uma aptidão natural, uma capacidade específica para executar algo que vai lhe dar prazer.

Assim, pode-se sintetizar a ideia de talento para um conjunto de facilidades inatas que o indivíduo pode ou não identificar em si e que proporcionam a ele a realização de atividades de forma incomum, com grande qualidade, eficiência e eficácia. Contudo, o talento só se manifesta quando há no indivíduo um profundo desejo de autossuperação e só se desenvolve através de intenso e disciplinado treinamento.

Esse é o papel mais nobre de um mentor – ajudar uma pessoa a identificar, manifestar e desenvolver seus talentos. Entretanto, ele não age como um professor, que busca identificar as informações que o indivíduo precisa para realizar atividades sem falhar. Também não age como um treinador (coach), que ajuda o indivíduo a desenvolver suas competências através da reflexão e treinamento disciplinado para reduzir suas falhas.

Já a mentoria, só acontece após o indivíduo cometer falhas, ou seja, o mentor jamais será um tutor que protegerá alguém de cometer erros ou de fazer escolhas equivocadas. Na verdade, o mentor é quem pode auxiliar o indivíduo a desenvolver sua maturidade e autonomia aprendendo com as próprias falhas.

Como apresentado no início: o mentor se ocupa justamente de estimular o **desenvolvimento da maturidade do indivíduo**, promovendo circunstâncias que possibilitem ao mentorado elevar sua capacidade de lidar com as consequências de suas próprias escolhas, fazendo delas fonte de aprendizado e gerando **autonomia pessoal**.

O modelo básico que sustenta o conceito está refletido na relação direta entre a maturidade e o controle, onde se considera que, quanto mais consciência um indivíduo possui das consequências de suas escolhas, menor controle é necessário, e isso resulta no desenvolvimento da autonomia diante de novas escolhas.

Claro que até a maturidade se desenvolver, o controle é necessário. Contudo, não se pode ignorar que a autonomia só se manifesta quando há maturidade, que surge quando ocorrem falhas e as consequências são percebidas pelo indivíduo. Isto somente é possível quando há a redução do controle.

Esse conceito é fundamental na ação do mentor, que pode exercer sua influência através de conselhos e opiniões, mas sabe que suas ações mais fortes no processo de mentoria não acontecem apenas através de conversas, e sim pelas vivências e experiências que possui e que, ao disponibilizá-las ao mentorado, servem de referências.

É importante destacar que o mais eficiente instrumento do mentor são as provocações. Quando o mentor desenvolve essa capacidade com maestria, ele não apenas pode desafiar o indivíduo a buscar a própria superação, como também o ajuda a identificar seus limites. Isso permite ao mentorado ultrapassar o desenvolvimento de sua maturidade, fazendo com que ele descubra e desenvolva seus próprios talentos.

Todo Controle leva à dependência

Há um certo conforto em estar em ambientes controlados. Lugares com processos bem definidos permitem alinhar nossas expectativas sobre os possíveis acontecimentos, proporcionando assim, uma boa sensação de segurança. Além disso, o controle está diretamente associado à disciplina, um conjunto de regras que determina uma conduta que assegura o bom funcionamento de um processo, o uso eficiente de energia e recursos e até, eventualmente, o bem-estar ou segurança dos indivíduos envolvidos no processo.

Se atribui à disciplina a responsabilidade básica na busca da excelência pessoal, uma vez que o foco e a dedicação estruturada e contínua são essenciais para que um desempenho esperado seja atingido. Um indivíduo com um desempenho medíocre falha justamente ao não manter a continuidade em seus esforços e perder o foco com facilidade.

Essa é a ideia sobre a qual se sustenta grande parte dos modelos de educação e também de gestão em nossa sociedade. Assim como os pais esperam que seus filhos tenham um desempenho ótimo e alcancem autonomia e independência, os gestores esperam que suas equipes produzam resultados excelentes com o menor uso de recursos. É desse modo que o comando e controle, com processos estruturados e padronizados, buscam garantir o atendimento das expectativas.

A segurança ofertada pelo controle está justamente na dimensão de causa-efeito, onde o cumprimento do comando é considerado um acerto e pode ser recompensado, enquanto o oposto é passível de punição.

Essa condição básica proporciona um certo conforto para o comandado, pois o isenta de eventuais consequências negativas, caso tenha cumprido todos os comandos, uma vez que a responsabilidade é de quem exerce o controle.

Esse conceito está instalado nos indivíduos tão profundamente, que já é parte de nossa cultura educacional, e é composto por regras, normas, regulamentos, tradições e leis.

O princípio parece tão óbvio que, quando alguma coisa acontece fora das expectativas ou uma falha é detectada, a primeira coisa que se avalia é qual comando ou direcionamento não foi cumprido e quem foi que descumpriu, para assim avaliar-se a punição necessária. Somente depois desta questão resolvida, eventualmente, se investiga os demais motivos para a falha.

De fato, há uma confiança enorme nos instrumentos de controle. Prioritariamente, acredita-se que os comandos e regras são infalíveis e, portanto, devem ser seguidos literalmente, cabendo apenas a quem exerce o controle qualquer interpretação diferenciada.

O controle permite obter segurança nos processos.

Entretanto, produz um efeito colateral que é a dependência que o comandado desenvolve em relação ao comandante. Em muitos casos, a dependência se manifesta através da falta de ação do indivíduo quando não há comandos diretos. Isso normalmente ocorre motivado pelo medo das consequências de agir sem autonomia, ou mesmo de eventuais punições caso aconteça algo fora das expectativas, como uma falha ou um erro que altere negativamente o resultado.

Paradoxalmente, essa falta de iniciativa ou paralisia de atitudes é justamente uma das maiores queixas dos gestores, que gostariam que suas equipes agissem sem tanta dependência.

As formas de controle são necessárias para estabelecer padrões, referências e limites, mas, é evidente que o indivíduo precisa substituir gradativamente esse controle pela autoconsciência das consequências de suas escolhas, substituindo regras, leis e normas por valores pessoais, premissas e aprendizados. Conhecemos essa autoconsciência como maturidade.

Conquistando a Autonomia

Há uma tendência que vem crescendo entre os jovens brasileiros: deixar a casa dos pais cada vez mais tarde. Muitos jovens, com idade entre 25 e 34 anos, têm optado em permanecer na casa dos pais por mais tempo.

Essa tendência já é observada nos últimos 15 anos e tem como principal motivo a mudança cultural no modelo educacional. Os pais preferem manter os filhos em casa, para que se dediquem melhor à escola e faculdade e assim alcancem melhores posições no mercado de trabalho.

Como estratégia tem até alguma lógica. Entretanto, isso faz com que o jovem não esteja pronto e independente quando conclui a faculdade e, como consequência, também não está pronto para o mercado de trabalho, que exige alguma experiência de seus profissionais mais novatos.

O efeito dessa estratégia é que muitos jovens não encontram empregos que permitam manter minimamente seu estilo de vida e assim acabam se mantendo na infraestrutura proporcionada pelos pais.

Talvez os pais ainda não tenham se dado conta de

que a expectativa de vida aumentou e todo recurso que eles estão "gastando" para manter os filhos em infraestruturas confortáveis irá faltar quando atingirem a idade avançada. Mas essa é uma reflexão que os pais somente farão no futuro, pois agora eles ainda gozam de saúde e força de trabalho para manterem o próprio padrão de vida e de seus filhos.

Essa realidade ilustra bem como se tornou desafiador o desenvolvimento da autonomia e como isso traz resultados negativos para o indivíduo, já que esse adiamento não tornará sua vida mais fácil quando for preciso enfrentar a realidade sozinho.

Quando surge um desafio real, de forma intensa e contundente, o indivíduo não está preparado. Grande parte das vezes ele paralisa e espera que alguém o ajude, pois é nesse momento que percebe que não sabe lidar com eventuais fracassos, tem medo das falhas ou simplesmente não quer ter frustrações.

O indivíduo, em seu desenvolvimento pessoal, deveria se motivar a buscar sua autonomia seriamente. Não deveria esperar a utopia de só arrumar um emprego se for "um trabalho que goste". Não deveria trocar de emprego só porque recebeu uma bronca do chefe, ou porque não tem horários flexíveis e livres. Não deveria trocar de emprego só porque já cansou. Reivindicações assim só funcionam para quem não precisa sustentar a própria vida, ou seja, para quem não precisa se preocupar com "casa, comida e roupa lavada".

Há uma questão bastante inquietante nesse cenário: **Por que apenas algumas pessoas buscam ser autônomas, enquanto grande parte dos indivíduos insiste em continuar declarando intenções de independência pessoal, mas vivem vidas dependentes de circunstâncias favoráveis para agir?**

Muitos dos que afirmam sonhar grande se mantém paralisados diante de desafios circunstanciais, como se aguardassem alguma coisa acontecer para que seus sonhos se realizassem. Vivem imersos em suas redes sociais, declarando intenções ou invejando quem está fazendo algo, dizendo que só não fazem algo assim "porque não tem recursos". Afirmam que essa é a nova cultura e consideram isso tão normal e aceitável que agem como se todos devessem se manter sonhando, adormecidos para a realidade.

A demora em amadurecer só deixa o indivíduo frágil para a vida, afinal, ao não aprender a lidar com as renúncias e perdas, acaba não desenvolvendo todo seu potencial.

De fato, nunca houve um tempo em que o desenvolvimento da maturidade fosse tão prioritário. Entretanto, isso não é possível sem que se considere a influência e consequências dos acontecimentos que o indivíduo escolhe se envolver.

O primeiro grande desafio é saber lidar com as **inseguranças pessoais**.

Em um cenário completamente tomado pela falta de privacidade provocada pela supremacia das redes sociais, demonstrar qualquer tipo de insegurança tornou-se extremamente negativo. Isso tem levado o indivíduo a manter uma postura de segurança falsa, buscando esconder seus **medos**.

Essa atitude cria uma grande barreira no desenvolvimento da autonomia, pois quando o indivíduo decide ocultar as próprias limitações, acaba acreditando na própria farsa que criou e mantendo sua pseudo autoestima. Em muitos casos, torna-se dependente da rede de relacionamentos e tem enorme dificuldade em interagir fora do mundo virtual.

O segundo desafio é ter que lidar com **riscos e falhas**. Quando escolhas são feitas, existem sempre as consequências e nada pode garantir que falhas não acontecerão ou que tudo acontecerá como previsto. Portanto, sempre há riscos nas decisões, e é exatamente essa a melhor oportunidade de aprender, pois é possível assumir que podemos fazer escolhas diferentes quando o resultado não é o esperado.

Entretanto, esse conceito só é alcançado quando se entende que é preciso absorver todos os resultados (conquista e derrotas) decorrentes das próprias escolhas, usando esse entendimento como referências de aprendizados que permitam fazer futuras escolhas com maior segurança e maior assertividade, ou seja, com maior autonomia.

Quando desenvolve a autonomia, o indivíduo tem opiniões próprias e coragem para agir de acordo com elas. Sabe aproveitar a disponibilidade das informações, buscando sempre um real entendimento do cenário em que vive, para que assim possa determinar estratégias assertivas para sua trajetória. Ele consegue ir além da declaração de intenções, pois está sempre disposto a agir, mesmo quando não tem os recursos desejados. É determinado e focado, questiona a realidade propondo novas abordagens, com a disposição de assumir os riscos e as falhas que toda inovação apresenta.

O indivíduo autônomo sabe procurar as condições favoráveis para suas ideias e quando isso não acontece consegue ser flexível ao ponto de redesenhar suas propostas sem prescindir de seus valores, pois sabe que determinação só se alcança com persistência e não com insistência.

Por isso que, para alcançar a autonomia, a pessoa deveria desenvolver a resiliência para aceitar o cenário como está e usar seu talento para alterá-lo com inovações que atendam suas expectativas no futuro.

capítulo 2

A maturidade exige escolhas, renúncias e consciência

"Verdade, pureza, autocontrole, firmeza, coragem, humildade, unificação, paz e renúncia. Essas são as qualidades herdadas de uma pessoa que resiste."

Mahatma Gandhi

A MATURIDADE EXIGE ESCOLHAS, RENÚNCIAS E CONSCIÊNCIA

Quem sou, o que sou e como sou?

Um dos **aspectos mais desafiadores** no exercício da mentoria é determinar o que se conhece do mentorado. Fazer uma correta leitura de sua personalidade é determinante, estabelecendo o vínculo necessário para que o processo de mentoria possa fluir de forma positiva para ambos – mentor e mentorado – afinal, sem esse vínculo, não há como trabalhar a maturidade do indivíduo e, consequentemente, sua autonomia.

Para estabelecer o conceito de autonomia nessa dimensão, é necessário mapear todos os aspectos que compõem a configuração do indivíduo, considerando que a própria individualidade envolve elementos como a **identidade** e a **singularidade**.

Identidade

Existem quatro fatores fundamentais em um indivíduo que, ao se atribuir valores mensuráveis, ajudam a determinar o que ele é. Esses fatores são independentes, muitas vezes presentes desde o nascimento. Contudo, alguns podem ser adquiridos, alterados ou mesmo aprendidos, sempre de acordo com as escolhas.

Podemos colocar como pano de fundo da identidade da pessoa, a afirmação "o que sou" onde os fatores são:

Características: Cada pessoa possui um conjunto de peculiaridades que servem de elementos para identificá-la na sociedade. Primordialmente, são as características físicas inatas que estabelecem a identificação pessoal, começando com o gênero ou partes do corpo (tipo de cabelo, cor de pele, dimensões etc.), chegando até a configuração das digitais ou da íris. Esses fatores também estabelecem parcialmente (e até preconceituosamente) a forma que desenvolvemos os agrupamentos sociais e como nos localizamos nestes grupos. Atualmente, o desenvolvimento da tecnologia permite que possamos alterar, com relativo sucesso, grande parte dessas características, mesmo que temporariamente, exigindo que o indivíduo desenvolva, cada vez mais, seu autoconhecimento e maturidade para entender os motivos que o levam a buscar ou até fazer eventuais alterações em suas características pessoais.

Habilidades: Um conjunto de elementos cognitivos que determinam suas possibilidades de ações motoras e intelectuais. As **motoras** decorrem fundamentalmente das características corporais e envolvem diretamente os cinco sentidos humanos (visão, audição, olfato, paladar e tato). Já as **intelectuais** têm uma origem mais complexa, subjetiva e, em muitos casos, até obscura, justamente por não haver um padrão que ajude a identificá-las. Atribuímos às habilidades intelectuais a condição de aptidão, que pode ser identificada ou não, cabendo ao indivíduo decidir se desenvolverá esses elementos. Quando estabelecermos comparações entre os indivíduos, essas habilidades representam facilidades para alcançar um aprendizado mais rápido e efetivo, resultando em um melhor desempenho, de uma forma incomum e significativa. Nesse caso, identificamos o indivíduo pelo "talento natural" manifestado.

Competências: De todas as condições que um indivíduo desenvolve para cumprir alguma tarefa ou função, as competências representam, atualmente, o fator que mais o identifica, principalmente na relação com seu trabalho. Há instrumentos, modelos de gestão, ferramentas de avaliação e inúmeros treinamentos que visam mapear, desenvolver ou ampliar as competências de uma pessoa, sempre com o objetivo de melhorar o desempenho. Esse fator de identificação é o que possui maior interferência externa, pois nunca é inato, ou seja, ninguém nasce com uma determinada competência, ela sempre precisa ser desenvolvida. Também é o único fator que guarda uma interdependência com outros dois fatores de identificação, as Habilidades e a Capacidade.

Capacidades: Há muito tempo na sociedade, uma das mais ordinárias formas de classificação de um indivíduo é atribuir uma mensuração de suas capacidades. Essa forma teve uma justificativa inicial aceitável, pois pretendia distribuir as tarefas e funções de acordo com aquilo que o indivíduo era capaz de realizar. Contudo, com o tempo, ampliou-se e generalizou-se essa classificação, atribuindo-se avaliações que ignoravam os outros fatores de identificação. Ao se considerar as capacidades, precisamos estar atentos, principalmente, à fatores tangíveis, decorrentes do corpo físico do indivíduo, pois quando extrapolamos para a inteligência, estamos falando de competências e aptidões. Podemos dizer que um homem não tem capacidade de gerar um filho, mas ele pode desenvolver competências para ser pai, e em circunstâncias mais raras, até assumir papéis atribuídos normalmente à mãe. Uma pessoa não tem capacidade de levantar uma tonelada de peso, mas em circunstâncias especiais e com auxílio mecânico, pode desenvolver competências para criar instrumentos que consigam realizar a tarefa.

Ou seja, capacidade é tangível e inata, diferente das competências, não se adquire com o tempo. Tratando-se do ser humano, pode até ser ampliada com instrumentos, mas sempre com limitações.

Singularidade

Existe uma infinidade de fatores que tornam o indivíduo singular e seria impossível classificar todas elas, portanto, escolhi listar algumas que considero bastante relevantes na construção da autonomia, mas isso não exclui a possibilidade de ampliação desse conceito de forma mais completa. Minha indicação para isso é o livro *Gestão da Singularidade*, de Eduardo Carmello, Editora Gente.

Podemos colocar como pano de fundo da singularidade da pessoa a afirmação "como sou", onde os fatores são:

Expectativas: Sempre que projetamos nosso futuro, estabelecemos um conjunto de condições que acreditamos ser suficiente para alcançar essa projeção.

Independentemente da ideia que consideramos e esperamos que aconteça, invariavelmente ela só acontecerá a partir de ações efetivas. Por isso, quando estabelecemos expectativas, devemos sempre considerar que elas são possibilidades originadas em escolhas feitas que exigiram a absorção de renúncias e o empenho de nossos recursos próprios e não os de terceiros, principalmente nosso tempo, com o objetivo de garantir que o futuro aconteça como esperamos. As expectativas refletem diretamente em nossos comportamentos e são marcadoras de nossa singularidade, pois somente o próprio indivíduo pode estabelecer o que será considerado recompensa e reconhecimento pelo empenho de recursos e energia na projeção do seu futuro.

Estilo: Durante todo seu desenvolvimento pessoal, o indivíduo recebe influências que ajudam a formar seu jeito de agir. São atitudes influenciadas por modelos que observou em outras pessoas, referências que identificou em personagens fictícios, seja em livros, filmes ou histórias que teve acesso, ou mesmo as próprias atitudes espontâneas, que eventualmente receberam aprovação ou desaprovação pública. Cada uma dessas influências ajuda a compor uma forma singular no próprio modo de expressar pensamentos e sentimentos. Em muitos casos, o estilo é tão marcante e raro, que conseguimos atribuir fatores de identificação e assim atestar a autoria de determinados acontecimentos, como é muito comum observarmos em artistas, quando expressam sua arte.

Renúncias: Alguns dos fatores de maior impacto na formação da singularidade da pessoa são as suas renúncias pessoais. São escolhas em que somente o próprio indivíduo pode atribuir um real significado. Diferentemente do estilo, não há como absorver o valor das renúncias de outras pessoas. Cada um decide baseado em um complexo processo de percepções, cujo princípio é alcançar algum tipo de contrapartida, ou seja, ninguém renuncia à nada, a menos que tenha estabelecido alguma expectativa futura diretamente relacionada à perda que ocorreu com a renúncia. É evidente que esse conceito não contempla totalmente o conjunto de renúncias que uma pessoa faz em sua vida, pois existem as renúncias que acontecem independentemente da vontade do indivíduo. São circunstância da própria realidade que se impõem à pessoa. São as renúncias indesejadas, por exemplo, a ruptura de um relacionamento por causa da morte, ou a escolha de terminar um hábito depois de um trauma significativo. Na verdade, uma grande parte das renúncias que formam a singularidade individual é decorrente de consequências dos acontecimentos, ou seja, são relativamente alheios às nossas vontades pessoais. Contudo, mesmo nesses casos, as consequências decorrem, em algum nível, das escolhas que fazemos. Por isso que procrastinamos as decisões que envolvem renúncias. Ou tentamos, incessantemente, transferir para outras pessoas ou outras coisas, a responsabilidade pelas escolhas. As renúncias pessoais, com todos os significados que atribuímos a ela, é algo absolutamente determinante em nossa individualidade, pois é o que mais provoca nossas "cicatrizes", justamente o que influencia nossas escolhas futuras e modela nossas expectativas, aspirações e estilo de vida.

Aspirações: Esse é o fator que mais apreciamos em nossa singularidade, pois representa toda projeção que estabelecemos para nossa vida: tudo aquilo que de alguma forma cultivamos em nossa mente, criando cenários e possíveis consequências que, inevitavelmente, são sempre favoráveis a nós. É também um fator que gostamos de tornar público.

Expressamos sem muita cerimônia tudo aquilo que sonhamos, pois quando fazemos isso, temos um fragmento da sensação de realização. Esse fato é bastante explorado em conceitos de autoajuda, onde sempre há convites a sonhar e declarar o sonho, pois isso "move forças invisíveis no Universo" que atraem aquilo que se aspira. Contudo, não se pode esquecer que, diferente das expectativas, nossas aspirações não exigem ações, mas sim ideias e pensamentos. Isso pode, quando bem entendido no processo de autoconhecimento, representar uma importante ferramenta de inspiração, pois toda aspiração, quando sai do campo das ideias e parte em direção à realização, certamente exige renúncias e ações efetivas para se transformar em expectativas.

A Individualidade exige contrapartidas

Existe alguma complexidade ao estabelecer a necessidade do indivíduo desenvolver sua autonomia, pois esta é uma definição que se confunde, muitas vezes, com a individualidade. A base principal de ambos os conceitos é o livre-arbítrio, que estabelece a possibilidade de decidir, escolher em função da própria vontade, isenta de qualquer condicionamento, motivo ou causa determinante.

Evidentemente, o livre-arbítrio também é um conceito complexo e objeto de diversas reflexões e interpretações. A existência do livre-arbítrio tem sido uma questão central na história da filosofia e religião e, mais recentemente, na história da ciência. Sua importância se revela quando se sabe que esse conceito tem implicações religiosas, morais, psicológicas, filosóficas e científicas. É diante disso que se configura a busca constante pela manifestação da individualidade e a determinação do direito de cada um sobre a própria vontade.

Em um processo de mentoria, onde a relação entre o mentor e seu mentorado ocorre com base na construção de uma profunda confiança mútua, existe a necessidade de entender a individualidade como algo que deve agregar à **identidade** e **singularidade**.

A MATURIDADE EXIGE ESCOLHAS, RENÚNCIAS E CONSCIÊNCIA

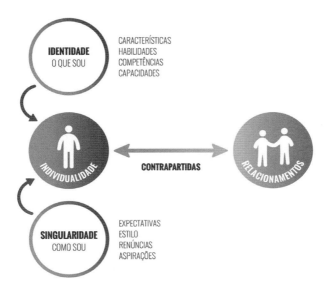

Também é possível concluir que a individualidade é uma manifestação desses conceitos e ocorre apenas em circunstâncias que envolvem **relacionamentos pessoais**, cujas bases estão justamente nas contrapartidas que sustentam a relação. Ou seja, sem relacionamentos e suas contrapartidas, não há como a individualidade se manifestar.

Há uma certa força nessa afirmação e até um certo grau de polêmica, principalmente quando consideramos que existem relacionamentos cujas contrapartidas são mais abstratas e estão mais vinculadas aos significados da relação em si do que na própria percepção de contrapartida. Um bom exemplo disso é o relacionamento entre pais e filhos. É bastante difícil identificar quais contrapartidas sustentam esse tipo de relação, uma vez que há elementos emocionais e sentimentais, além de muitos significados pessoais e culturais associados, estabelecendo que a relação é absolutamente espontânea e, portanto, completamente desvinculada de qualquer necessidade de contrapartidas.

Nos tempos atuais, até mesmo este tipo de relacionamento – pais e filhos – já não pode ser analisado tão superficialmente, pois existem sim, muitas expectativas de contrapartidas e elas se manifestam de formas muito mais intensas, principalmente depois que os pais começaram a adotar uma forma de educação mais protetora e mais provedora.

Não é difícil identificar pais que cobram dos filhos atitudes e ações específicas, uma vez que "possuem tudo que os pais não tiveram quando estavam com mesma idade". De certo modo, os pais esperam, como contrapartida, que os filhos sejam melhores e mais felizes do que eles mesmos foram, já que recebem mais recursos e condições. Mas, quase nunca percebem que, para isso, uma condição de dependência surge, pois assumem que os filhos não conseguirão lidar com as consequências das próprias escolhas. Sendo assim, os pais interferem e esperam que os filhos aceitem essa atitude, mesmo que isso também interfira na individualidade deles.

Do outro lado, está bem mais fácil identificar atualmente, estão os jovens que esperam receber dos pais mais recursos para seguirem suas vontades. Isso acontece de forma paradoxal, pois ao mesmo tempo que esperam por recursos e condições para avançar – ficando na casa dos pais até depois dos 30 anos, por exemplo – eles também esperam total autonomia para suas decisões, rejeitando qualquer identificação dessa atitude como dependência. Chamam essa autonomia de individualidade e esperam como contrapartida o "respeito" e a total concordância dos pais com suas escolhas.

É por isso que, no processo de manifestação de individualidade é muito importante o mentor apurar seu olhar sobre as sutis formas de contrapartidas que o mentorado estabelece em cada relacionamento que se vincula, pois, mesmo quando há declarações de que não espera nenhum tipo de contrapartida, elas estão lá e quando não são atendidas abrem espaço para as **frustrações** e **decepções** que impactam na **maturidade**.

Frustrar, decepcionar e seguir adiante

Quando se inicia um processo de mentoria, constantemente se conversa sobre as dores mentais, emocionais e sentimentais que o mentorado percebe em si. Isso acontece porque quase sempre há uma expectativa pragmática de se estabelecer um objetivo claro para o processo de mentoria. Como se houvesse um pano de fundo de que a relação pressupõe alguma ajuda do mentor para o mentorado.

Claro que esse é um dos muitos aspectos que ocorrem em um processo de mentoria, mas não é o principal, e o mentor deve manter-se muito atento às suas próprias atitudes, ao seu próprio ego, para que não seja visto como um "oráculo" com respostas para todos os problemas.

Na maioria dos casos em que o mentorado manifesta suas insatisfações, ele busca um pouco de acolhimento e oportunidade de desabafo, identificando no mentor alguém que ele enxerga como mais "isento", e que talvez tenha até algum tipo de referência que o ajude a lançar um novo olhar sobre suas angústias.

Por isso, é importante que o mentor saiba identificar e diferenciar as **frustrações** e as **decepções**, que são formas distintas de manifestações de insatisfações, e que o mentorado pode apresentar nas sessões de mentoria.

Quando observamos circunstâncias de desabafo por parte do mentorado, quase sempre começam pelos relatos das **decepções** e envolvem sentimentos de tristeza, mágoa e desilusão. Normalmente, os relatos contemplam acontecimentos provocados por pessoas ou por situações, sempre direcionados a fatores externos ao indivíduo, no caso o mentorado.

São relatos que sempre trazem um tom de arrependimento e, frequentemente, também apresentam algum tipo de solução alternativa que, se tivesse sido adotada, não provocaria a decepção.

O importante é o mentor ajudar o mentorado a identificar que toda decepção sempre é direcionada para o outro, nunca para o próprio indivíduo. Isso significa que, com a situação que provocou a decepção, pode se aprender a não depositar expectativas nos outros, mas não há muito mais que se possa fazer além de absorver a mágoa e a tristeza, estabelecendo uma nova forma de vínculo com a pessoa que provocou a decepção. Isso inclui até a decisão de ruptura no relacionamento entre o indivíduo e a pessoa que provocou a decepção.

Um alerta que o mentor precisa estabelecer em sua atuação é jamais incentivar caminhos que considere a possibilidade de mudar a pessoa que provocou a decepção. Imagine os efeitos negativos se o mentor entender que "precisa falar com a pessoa que decepcionou seu mentorado" para ajudá-lo a superar a tristeza?

As mágoas e tristezas fazem parte da construção da maturidade e qualquer atuação dessa natureza interfere na forma que as consequências serão absorvidas pelo mentorado.

Com as **frustrações** ocorre um processo diferente, pois elas se referem às insatisfações consigo mesmo, com o olhar que se tem sobre as próprias expectativas e falhas.

Isso é determinante, pois significa que não há frustrações quando não há expectativas.

Esse conceito simples ajuda a manter o foco na maturidade, pois quem estabelece as expectativas é o próprio indivíduo, já que não há como direcionar os sentimentos de tristeza para outros, apenas para si mesmo.

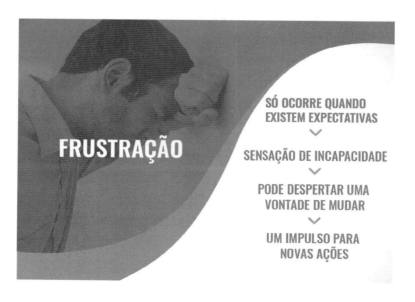

A tristeza decorrente da frustração é intensa, pois surge a partir de um sentimento de incapacidade pessoal, uma forte sensação de fracasso e de falta de recursos pessoais para alcançar as expectativas que o próprio indivíduo estabeleceu para si. Em muitas situações, a frustração paralisa a pessoa, que passa a evitar qualquer situação que envolva o risco de voltar a se sentir frustrada.

Em um processo de mentoria, o objetivo nunca é julgar as escolhas que levaram à frustração, nem mesmo estabelecer novos caminhos para aumentar os recursos pessoais – as competências – que eventualmente evitariam o fracasso. O objetivo sempre deve ser a condução para o aprendizado, e um mentor pode sim, ajudar a identificar os significados que o mentorado atribuiu às suas expectativas e incentivar, através de referências e provocações, um novo olhar sobre o fracasso que gerou as frustrações, despertando a vontade de mudar através de novas estratégias e novos caminhos.

Um ótimo conceito para aprender a lidar com frustrações foi apresentado por Chico Xavier quando disse:

"Você não pode voltar atrás e fazer um novo começo, mas você pode começar agora e fazer um novo fim."

Promover o aprendizado através das **frustrações** e **decepções** é o mais intenso processo que a mentoria pode proporcionar ao mentorado, pois ambas ocorrem justamente quando as contrapartidas esperadas nos relacionamentos não acontecem.

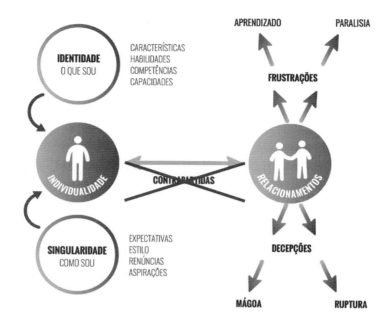

Escolher entre se paralisar diante das falhas, aprender com os fracassos, romper relações ou apenas magoar, sempre caberá ao indivíduo e, se ele entender que sua maturidade é também uma manifestação de sua individualidade, poderá ver no mentor uma rica fonte de influências que o ajudará em suas escolhas.

capítulo 3

Todo mentorado tem potencial

"Não é que eu sou tão esperto, é que apenas eu fico com os problemas por mais tempo."

Albert Einstein

Como definir um High Potential?

Quando se imagina o jovem de hoje, sempre vejo referências inusitadas e até conflitantes. Dizem que essa é uma geração perdida no meio de tantas possibilidades que a realidade atual apresenta e, por isso, é incapaz de se aprofundar em algum tema. Contudo, talvez por causa de todo o "investimento" que foi feito, cobra-se da mesma que ela seja um sucesso de competência. Muitos imaginam que, só por ser jovem, tem que ser necessariamente um talento, um potencial. Isso é um engano terrível e só contribui para atrasar o desenvolvimento e a maturidade.

Talento não é exclusividade de uma etapa da vida, muito menos uma capacidade que se alcança apenas através do acesso à tecnologia e infraestrutura, ou ainda recursos educacionais modernos. Há um fator decisivo para que um talento se manifeste: um mentor apostar no jovem e auxiliá-lo no desenvolvimento de seu potencial.

Contudo, vivemos em um tempo em que os mentores são raros e nem sempre são conquistados pelos jovens. Na verdade, aqueles que poderiam ser mentores estão muito ocupados competindo com os próprios jovens por um lugar no mercado.

Essa realidade é uma distorção do fluxo ideal para o desenvolvimento de pessoas talentosas, pois quando um jovem não tem seu potencial identificado, somem as apostas em suas capacidades e, consequentemente, não são apresentados a ele desafios que permitam desenvolver o próprio talento.

Gosto muito do pensamento de Charles Handy em seu livro *The Hungry Spirit*, quando diz que:

"A sociedade deveria tentar oferecer a cada jovem um mentor de fora do sistema educacional, alguém que tivesse grande interesse no desenvolvimento e progresso daquela pessoa na vida".

Não se encontra mentores no Google e nem é possível dispensá-los quando se quer. Todo conhecimento tácito, que também é conhecido como experiência, está nas mãos dos veteranos. Para ter acesso a esse conhecimento é indispensável conquistar um mentor. Para isso, só há um caminho: **ser aprendiz**.

Entretanto, nos dias atuais, nos quais os jovens querem ser vistos e reconhecidos como vencedores, não é muito comum identificar a postura de aprendiz, isto é, estar aberto para o aprendizado, não apenas ao conhecimento acadêmico, mas também ao velho e bom "pulo do gato".

O processo é muito simples. Quando um mentor identifica um jovem e decide apostar em suas capacidades, ele direciona recursos e desafios para valorizar os resultados que podem ser alcançados. Para esse mentor, o jovem é um potencial. E tudo que decidir em relação ao jovem terá o objetivo de desenvolver esse potencial para que se manifeste o talento.

Nesse momento são observados, como pesos distintos, três fatores, cada um deles com percepções diversa do ponto de vista do mentor que aposta no mentorado:

Conversando com gestores, sobre suas expectativas sobre os jovens profissionais, vejo que muitos estão confusos, pois precisam levar em consideração um elevado conhecimento técnico – **qualificação** – mesmo que não identifiquem nada de experiência. Para tentar equilibrar essa complicada equação, o que surge é uma gestão incoerente e errática, onde o gestor espera que seu funcionário seja um inovador, mas faça tudo conforme as regras, ou então espera que ele tenha o conhecimento amplo de um generalista, mas saiba tudo de forma profunda e consistente como um especialista.

Diante da falta de percepção de resultados que essa gestão apresenta, o foco se volta com mais intensidade ao **desempenho**. Contudo, deveria ser considerado que o indivíduo sempre teve seu potencial avaliado por uma matriz mais ampla do que apenas seu desempenho. Nos tempos atuais, onde há maior fluidez de informação e maior necessidade de equilíbrio entre aspectos da vida pessoal e profissional, devemos considerar também as atitudes refletidas no **interesse**, como um dos fatores de maior peso na avaliação de um indivíduo.

Uma avaliação completa dessa forma é cada vez mais rara de se encontrar, pois as empresas buscam jovens com experiência e como não encontram, optam por jovens com elevado conhecimento acadêmico e é aí que tem origem o problema. Afinal, todo processo seletivo conduz o gestor a optar pelo candidato que tenha melhor repertório técnico, isto é, tenha estudado mais e em melhores instituições, atribuindo indicadores de **desempenho** que justifiquem um potencial ganho de produtividade. Para que isso aconteça, os jovens são levados a permanecer ainda mais nos estudos, provocando o adiamento de sua entrada no mercado de trabalho e, consequentemente, o próprio desenvolvimento da maturidade esperada pelos contratantes. Ou seja, é um cenário que se alimenta do próprio problema que ele quer resolver.

    Os gestores usam como referência sua própria realidade. Avaliam o jovem de hoje pela lente de sua juventude e estabelecem as diferenças comportamentais de forma crítica. Desta forma, é muito comum que os gestores reclamem da falta de comprometimento, seriedade e responsabilidade que os jovens demonstram no trabalho. Do lado dos jovens, a reclamação comum é da falta de confiança que os mais experientes demonstram, principalmente quando não há a delegação de tarefas mais relevantes, deixando para os mais jovens apenas as tarefas operacionais e de pouco impacto nos resultados.

    Esse tipo de conflito não é novo. Na verdade, é até muito comum desde os tempos mais antigos da humanidade.

Eu acredito que o que torna o cenário diferente agora é justamente a falta de maturidade dos jovens, associada ao aumento na expectativa de vida, que faz com que os veteranos permaneçam mais tempo no mercado, disputando os desafios mais relevantes com os mais jovens.

Em minhas pesquisas vejo que os jovens estão literalmente aflitos para entrar no mercado de trabalho e identificarem seus propósitos, contudo, têm muito medo das falhas que podem ocorrer nesse processo.

Eles se sentem pressionados por uma realidade dura que não conhecem, e muitas vezes acreditam que não têm competências para lidar, por isso acabam contestando toda a realidade atual, exigindo novas atitudes na relação com o trabalho, ou então se mostrando relativamente paralisados diante das dificuldades.

Esse comportamento fica ainda mais evidente quando o jovem assume a postura de viver uma vida sem se preocupar com as consequências (alguém vai se preocupar) e cria um estilo de vida que valoriza e prioriza a satisfação pessoal.

Toda essa realidade cria uma fragilidade nas relações dos jovens com as empresas. Qualquer motivo é forte o suficiente para se romper a relação.

Não creio que exista uma fórmula mágica para esta realidade. O que observo com maior frequência é uma busca de experimentação de realidades diferentes, pois os jovens acreditam que quanto mais experimentarem empregos e empresas diferentes, mais estarão preparados.

Entretanto, essa é uma estratégia equivocada, pois confunde experimentação com absorção de experiência.

Normalmente, o jovem manifesta este pensamento distorcido quando argumenta que está buscando "novos desafios", esquecendo que há certamente muitos desafios no próprio emprego que está. Aliás, o primeiro e principal desafio é permanecer no emprego com todos os obstáculos que ele apresenta. Na prática, o jovem mantém um status de novato em cada novo emprego e por isso não acessa os maiores desafios que podem contribuir para seu desenvolvimento.

No atual momento, creio que, quando se busca identificar um High Potencial, o melhor é buscar identificar aquele indivíduo que conseguiu montar uma trajetória equilibrada entre ambas as coisas – **desempenho e atitude**.

Considerando a opção por direcionar (apostar) as ações de mentoria àqueles indivíduos que possam realmente tirar um melhor aproveitamento do processo, deve-se considerar sempre as questões de **desempenho** – completamente associado a resultados – assim como as questões de **atitudes**, diretamente associada à sua maturidade.

Desta forma, é possível elaborar uma matriz de avaliação de potencial, atribuindo-se pesos aos três fatores de indicação de potencial, colocando-se com contraponto, também três medidas de valor – **engajado, não-engajado** e **desengajado**, baseado no livro *Gestão da Singularidade*, de Eduardo Carmello, considerando que o:

Engajado: É aquele que tem o compromisso funcional com aquilo que se espera dele. Mas além disso, tem um compromisso emocional que faz com que ele realize mais do que o esperado, que vá mais além do que o processo em si. Ele pensa melhor, entrega uma energia melhor, cria alternativas para que, o que foi acordado, seja entregue da melhor forma.

Não-engajado: É aquele que tem o compromisso funcional com aquilo que se espera dele, mas não ultrapassa o acordado. Ele é um mantenedor dos processos, faz exatamente o que se espera dele. Não busca ter uma ideia diferenciada, busca apenas cumprir seu papel.

Desengajado: É aquele que tem compromisso funcional abaixo do que se espera dele. Faz um acordo, mas não entrega o acordado. Em muitos casos, chega a ser o crítico do próprio processo. Ele não estabelece uma atitude de envolvimento, que permita considerar que está cumprindo seu papel.

Com essas diretrizes a matriz de pesos seria assim:

Segue uma possível atribuição de um índice que permite identificar um High Potential e decidir sobre as possibilidades de investimento do indivíduo:

ÍNDICE HIGH POTENTIAL		
	DE	ATÉ
ALTO	14	18
MÉDIO	11	13
BAIXO	6	10

Quanto custa um High Potential?

Definir uma matriz **desempenho** é relativamente comum nos dias atuais. Já nos acostumamos com diversos mecanismos de monitoramento de resultados, principalmente quando está associada a uma relação de trabalho.

Avaliar capacidades, competências, talentos e até inteligência se tornou um grande mecanismo de comparação entre os indivíduos, proporcionando uma atmosfera de competitividade que, além de apresentar produtividade monitorada, provoca padronização e artificialismo nos comportamentos individuais.

Usando como exemplo a relação de um indivíduo com uma empresa que acabou de contratá-lo, podemos elaborar um modelo de custos que segue um padrão bastante conhecido.

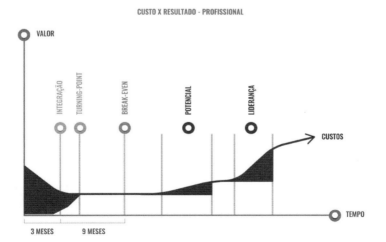

Analisar os custos que contemplam a relação de um indivíduo com uma empresa não é um processo simples, mas pode ser padronizada considerando alguns aspectos:

Integração: Os primeiros três meses de relacionamento é composto por custos diretos com a contratação, ambientação e treinamento básico do indivíduo, permitindo que ele possa se integrar rapidamente ao time de colaboradores e começar a produzir rapidamente. Os custos são maiores no início justamente porque esse valores se acumulam, mas assumem uma tendência mais estável após esse período de integração, apenas com despesas de salários e custos.

Turning point: Devemos considerar que o indivíduo, agora profissional contratado, consegue gerar valor com seu trabalho em pouco tempo, por isso é esperado que em algum momento após o terceiro mês ele já consiga render produção suficiente para pagar, pelo menos o próprio custo mensal. É na etapa de custo que se dá a virada no equilíbrio entre custos e resultados.

Break even: De forma geral, o ponto de equilíbrio entre custos e resultados acontece em aproximadamente um ano após o início do contrato de trabalho. Mesmo se tratando de um padrão genérico, sempre há o peso dessa expectativa de prazo pela empresa quando há uma contratação de profissionais.

Potencial: Em algum momento na trajetória do relacionamento entre o indivíduo e a empresa há uma identificação de potencial, representada pelo conjunto de fatores apresentado anteriormente. Esse é o momento que o indivíduo é classificado como High Potencial e isso sempre representa um aumento nos custos da empresa com o profissional, seja através de aumentos salariais, ampliação de benefícios diretos e desenvolvimento através de cursos ou subsídios para cursos. Um dos fatores que desperta esse acréscimo é justamente aumentar as competências do indivíduo para ampliar o nível dos desafios que ele pode suportar, ou mesmo para mantê-lo no quadro de funcionários. O importante é ressaltar que, por ser uma aposta no potencial futuro, esse aumento de custos dificilmente está associado a um aumento imediato nos resultados.

Liderança: Da mesma forma que houve a identificação do potencial do indivíduo, sempre ocorre, na trajetória do relacionamento com a empresa, um momento em que se espera a manifestação do potencial através da ampliação da relevância do profissional. Normalmente, isso ocorre designando o indivíduo para posições de liderança, que podem ser de pessoas ou de processos. Isso representa um aumento significativo dos custos com o profissional, mas também se vincula diretamente esse aumento à ampliação dos resultados que ele pode alcançar com sua atuação.

O conceito de High Potential está sempre associado a uma matriz de resultados e, de certa forma, pode-se relacionar qualquer investimento ao indivíduo, como uma aposta que deve render resultados compensadores.

Ao estabelecermos uma ligação com a matriz de resultados esperados, pode se identificar a validade do modelo e as condições em que surgem as oportunidades de mentoria.

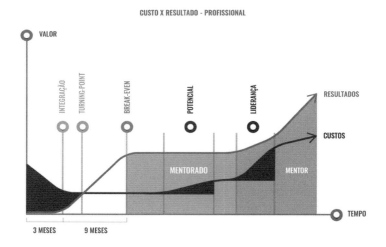

Modelo de Maturidade Avançado

Como tratado no livro *Mentoria – Desenvolvendo a maturidade e o desempenho dos jovens* (Editora Integrare, 2015), o desenvolvimento da maturidade é um dos aspectos mais importantes no processo de mentoria. Seguindo e reproduzindo alguns aspectos do modelo lá apresentado, e que já é amplamente validado em programas de formação de mentores, todo processo de maturidade agora evolui para uma tabela de pesos, com o objetivo de auxiliar na leitura da maturidade e no registro estruturado do processo de mentoria.

Fundamentalmente, o modelo de maturidade se baseia em quatro pilares:

Estes pilares representam indicadores sobre cada dimensão que se pode avaliar o grau de maturidade.

Informação

Nessas condições, o pilar das **Informações** representa todo repertório adquirido pelo indivíduo, seja de forma teórica ou prática.

Para realizar a tarefa de avaliar a maturidade nesse pilar, usamos como modelo o próprio cérebro humano, que tem a capacidade de armazenar informações de forma estruturada, criando repertório, assim como pode fazer conexões entre essas informações para que elas resultem em conhecimento.

A classificação decorrente é um bom exercício didático em cada pilar, onde a própria percepção do mentor ajuda a identificar o perfil que melhor reflete o indicador de maturidade do mentorado e serve como referência para a avaliação dos demais pilares.

Disciplina

O pilar da **Disciplina** representa a forma que se processa essas informações, seja através de processos e regras atuais ou através de novas regras. Tudo segue uma disciplina, uma norma, um processo, e isso não é ruim, pois significa que temos na disciplina um poderoso instrumento para nos ajudar em nosso desenvolvimento. Contudo, todas as regras têm limitações e jamais conseguirão contemplar todos os aspectos de um processo. Além disso, as regras perdem sua validade e eficiência com o tempo, por isso é necessário sempre buscar inovações, ou seja, novas regras.

Nesse pilar o mentor encontra grandes indicadores de avaliação do perfil do indivíduo, podendo assim, determinar uma estratégia para suas provocações ao mentorado. Afinal, lidar com regras e processo é lidar com limites, que normalmente o indivíduo reluta em aceitar.

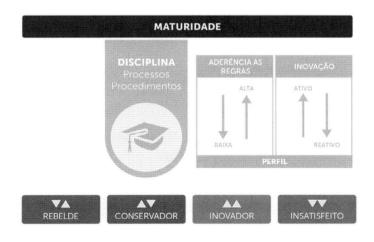

Exemplo

O pilar do **Exemplo** traz indicações sobre as influências pessoais que o indivíduo decide receber, seja dos grupos que participa ou de forma individual, que detém uma expertise relevante, que desperta o interesse do indivíduo.

Quando pensamos em exemplos, logo imaginamos uma série de situações que servem de modelo para nós. Construímos nossas referências de duas formas: uma delas é baseada nas influências que recebemos da coletividade que estamos inseridos. Os comportamentos que as pessoas adotam quando estão interagindo em grupo exercem uma grande pressão sobre nós, podendo alterar completamente nosso próprio comportamento. Conhecemos isso como cultura e são visíveis tanto nos costumes de uma nação, como também nos mais pequenos e simples agrupamentos sociais.

A outra forma de construirmos nossas referências é baseada no impacto de pessoas que escolhemos observar por diversos motivos, tais como admiração e inspiração. Essa observação é mais sutil e complexa, temos que identificar a expertise daquele que será nosso referencial, pois somente assim teremos condições de extrair alguma influência que possa representar um aproveitamento positivo para nosso desenvolvimento.

Estar aberto aos exemplos, sejam individuais ou coletivos, estabelece uma relação muito intensa com a maturidade, mas para isso é preciso entender que podemos extrair algo de tudo que nos impacta. Quando não estamos atentos a isso, temos poucas oportunidades de desenvolvimento.

Tácito

Por fim, o pilar que traz o maior peso no desenvolvimento da maturidade é o **Tácito**, que representa todo aprendizado que o indivíduo escolhe receber através da vivência, assumindo condições de avaliação de riscos e estratégia.

Quando alcançamos a dimensão do conhecimento tácito no processo de maturidade, significa que já reunimos todas as instruções em nosso repertório, entendemos todos os procedimentos e já estabelecemos os referenciais que julgamos adequados para nossa análise dos riscos envolvidos em uma ação. Cabe, portanto, finalizar esse processo e usufruir do que será conhecido como experiência.

Nos dias atuais essa etapa vem sendo afetada negativamente, pois envolve as possíveis falhas e isso não é fácil de se admitir em um cenário que privilegia o foco em resultados. Dificilmente encontramos uma situação onde a falha é aceita e considerada como parte do processo. O mais comum é evitarmos os riscos e tentar planejar todo processo antes mesmo que ele se inicie.

O papel do mentor é estar próximo o suficiente para atuar somente quando a falha represente um risco para o mentorado, ou seja, que crie uma situação irreversível para a vida do mentorado.

Para desenvolvermos a maturidade de forma plena precisaremos deixar que as cicatrizes aconteçam e somente depois que elas existirem poderemos atuar novamente.

Esse modelo facilita muito a leitura e o entendimento da maturidade, uma vez que se permite atribuir uma classificação direta em cada pilar, de modo que facilite os processos de estímulos e influência, permitindo ao mentor atuar de forma mais dirigida.

Esse modelo evoluiu agora para uma tabela de valores que permite identificar e atribuir pontos que auxiliam na construção de indicadores de maturidade em cada oportunidade ou sessão de mentoria.

ÍNDICE MATURIDADE		
	DE	ATÉ
ACIMA DE 90%	29	32
ENTRE 80% E 89%	26	28
ENTRE 70% E 79%	23	25
ENTRE 55% E 69%	20	22
ENTRE 45% E 54%	17	19
ENTRE 35% E 44%	15	16
ENTRE 25% E 34%	13	14
ABAIXO DE 24%	8	12

capítulo 4

sem vivência não há mentoria

"A Vida é uma peça de teatro que não permite ensaios... Por isso, cante, ria, dance, chore e viva intensamente cada momento de sua vida... Antes que a cortina se feche e a peça termine sem aplausos."

Charlie Chaplin

Conflitos, impasses e rupturas

As pessoas estão em conflitos e poucos percebem como isso acontece, pois o cenário atual transforma a realidade em um ambiente de divergências subterrâneas e dissimuladas, muitas vezes manifestadas apenas de forma virtual nas redes sociais, onde é fácil ser superficial e produzir "certezas" baseadas em todo tipo de suposição.

Já faz alguns anos que esse ambiente de conflitos e confrontos se desenvolve. Começamos a assistir à construção de uma realidade singular, na qual protagonistas de diversas gerações se encontram no mercado de trabalho e lutam para estabelecer suas expectativas. Nesse cenário, mudanças são propostas, experiências permitidas e avaliações realizadas, buscando, assim, entender se é possível avançar na direção de novas propostas e modelos de gestão.

Contudo, percebe-se que os resultados ainda não são satisfatórios, pois de um lado os profissionais veteranos, principalmente os gestores, não identificam uma postura engajada e ficam indignados por terem que fazer esforços para reter os profissionais mais jovens, que teimam em pedir demissão ao menor sinal de descontentamento. Já, segundo os jovens, o equilíbrio entre a vida profissional e pessoal é a maior diferença entre as expectativas de veteranos e novatos. Entretanto, não é o fator mais relevante nesse debate, mas, sim, a questão dos desafios de maior valor, que ainda são destinados àqueles com mais tempo de serviço.

Isso é absolutamente compreensível, pois os gestores, focados em apresentar resultados, direcionam sistematicamente os desafios mais relevantes aos profissionais reconhecidamente experientes, evitando assim os riscos evidentes que acompanham a tomada de decisão dos profissionais mais novos.

Avaliando as inúmeras pesquisas que se dedicaram a entender essas questões, já podemos identificar com segurança que a maior fragilidade na relação entre as gerações de profissionais está justamente na questão dos desafios, entretanto, essa também é a melhor oportunidade de se promover um encontro entre as gerações, afinal, precisamos ponderar sobre a necessidade de formar sucessores.

Considerando tudo isso, podemos avaliar que a fórmula é relativamente simples e tanto o jovem quanto o veterano precisam ser estimulados a mudarem suas atitudes, ou seja:

- Os jovens precisam entender que trocar de cenário apenas amplia a quantidade de desafios de menor relevância a que serão submetidos, comprometendo o desenvolvimento de sua carreira, por isso, é preciso demonstrar uma atitude de resiliência para suportar o tempo necessário para se alcançar a competência profissional.
- Os veteranos precisam se desapegar do papel de "grandes executores" e adotar a postura de mentor diante dos profissionais mais jovens, buscando, assim, assumir o papel de formador de sucessores,

transferindo todo conhecimento tácito que adquiriram durante a própria trajetória pessoal.

Essa fórmula somente é bem-sucedida se os desafios mais relevantes forem direcionados aos profissionais mais jovens que, por sua vez, devem ser assistidos pelos profissionais mais experientes, garantindo assim que os resultados aconteçam sem riscos elevados. Contudo, essa realidade somente deixa de ser um conceito utópico e idealista se houver a correta intervenção do gestor, que precisa também se apropriar das competências de mentoria e saber lidar com esses conflitos de forma estratégica.

Condições e Bases

Quando estamos diante de uma realidade de conflitos é importante entender as **condições** e **bases** nas quais ele está fundamentado.

Inicialmente, é fundamental entender que qualquer conflito somente ocorre quando há relacionamentos envolvidos e há expectativas de contrapartidas entre as partes. Também devemos ter em mente que um conflito ainda pode estar numa condição **evitável**, ou seja, com grandes possibilidades de ações que possam impedir que se transforme em um confronto. Da mesma forma, o conflito já pode estar na condição **exposta**, onde ele já é presente e exige ações mais efetivas, pois o confronto é iminente.

A grande diferença entre ambas as condições é que o conflito é evitável quando ainda se baseia em **suposi-**

ções, aquelas possibilidades imaginadas a partir de um conjunto de fatores diretamente ligados ao conflito. Já a condição exposta tem como base apenas os **fatos** já conhecidos e manifestos, sem qualquer interpretação subjetiva ou imaginária.

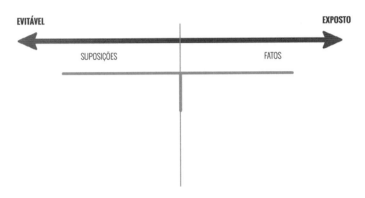

Não significa que não se deve supor nunca. Claro que isso é importante e necessário, mas não devemos esquecer que suposições são apenas possibilidades e precisam de confirmação antes de agirmos, caso contrário, a própria ação de evitar o conflito pode se transformar no conflito, simplesmente por considerarmos uma suposição como um fato.

Tipos de conflitos

Quando avaliamos a melhor estratégia para lidar com conflitos é importante reconhecer qual o tipo de conflito que melhor identifica a situação e quais as consequências que eles promovem. Os tipos são quatro:

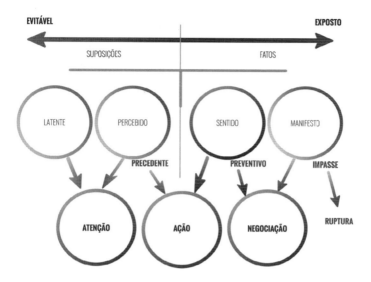

Latente: Quando concluímos que os conflitos sempre são decorrentes de interesses individuais, devemos também considerar que em toda relação pessoal há potenciais conflitos e, apesar de já existirem, ainda não podem ser identificados, exceto por extrema sutileza de atenção ("algo me diz...", "sinto um cheiro..."). Isso exige um complexo exercício de suposições que possam manter um **estado de atenção** aos cenários e às pessoas envolvidas.

Percebido: Ainda na condição de evitável podemos identificar sinais no ambiente ou nas posturas das pessoas (desconfiança excessiva, tensão, medo, silêncio incômodo, não-verbais) que ajudam a manter a **atenção** e despertam a possibilidade de algum tipo de **ação**, principalmente se já houver precedentes para a situação percebida. Ou seja, quando a situação observada já ocorreu anteriormente, é possível antecipar ações preventivas com o objetivo de evitar o confronto.

Sentido: Podem ser identificados através de sensações pessoais de incômodo e percepção de alterações no ambiente interno (desconforto psicológico, vergonha, raiva, omissão, conversas reservadas...). Nesse caso, ocorrências efetivas que demonstrem essas sensações. De um modo geral, quando o conflito atinge esse nível, já há fatos que permitem maior clareza das posições divergentes e nesse caso não é mais possível apenas manter a atenção, mas sim, **promover ações** que permitam identificar possíveis caminhos de conciliação.

Manifesto: Podem ser percebidos facilmente no comportamento das pessoas e no clima interno (reclamações, discussões acaloradas, desabafos, choques de opiniões, ambiente "carregado"...). Esse é o momento em que o conflito atinge sua mais completa configuração representada pelo confronto. Somente nessa hora é que devemos buscar a conciliação através da negociação dos interesses envolvidos, pois se houver impasse nesse processo, a única possibilidade remanescente é a própria ruptura no relacionamento entre as partes envolvidas.

Ações do mentor

No processo de mentoria, invariavelmente, o mentor irá identificar conflitos de seu mentorado. Desde divergências com seus familiares ou com pessoas no trabalho, até questões de ordem pessoal, onde o próprio mentorado tem interesses divergentes e rejeita possibilidades de renúncias. Algo como querer tudo, sem abrir mão de nada.

Esse é um momento em que é importante agir de forma estratégica, cuidando para que o mentorado consiga identificar os fatos e as suposições corretamente e incentivando toda iniciativa que permita uma negociação conciliadora de interesses, através das escolhas e suas respectivas renúncias.

As principais ações remetem a uma ordem de prioridades, que servem como roteiro de abordagem do mentor e que auxiliam na identificação correta dos tipos de conflito e nas prováveis consequências dessa atuação.

Quando o mentor identificar uma situação de conflitos, deve sempre atuar com as seguintes ações:

- **Ouvir:** Lembrando que sempre há três versões para os fatos relatados: a do mentorado, a do outro envolvido e os fatos verdadeiros. Ouvir atentamente, sem suposições. Quando tiver dúvidas, pergunte.

- **Ver:** Manter atenção aos sinais, principalmente aos não-verbais, pois muitos fatos estão descritos nas expressões corporais e, certamente, servem como fonte de feedback ao mentorado quando ele relata uma situação de conflitos.

- **Perguntar:** Essa é a principal ação que o mentor deve fazer durante os relatos de conflitos. O objetivo principal é separar as suposições dos fatos e identificar oportunidades de conciliação de interesses. Grande parte dos conflitos seriam evitados se perguntas mais objetivas e diretas tivessem sido feitas.

- **Julgar:** É inevitável que estabeleçamos algum juízo de valor a respeito do que é relatado, principalmente quando se trata de conflitos. Gostamos de tomar partido e nos posicionar. Essa ação em uma mentoria pode, em algumas circunstâncias, até ajudar o mentorado, mas é fundamental que ela seja acionada somente quando o conflito já esteja em nível de negociação. Somente assim o julgamento do mentor pode funcionar como uma referência para as escolhas que o mentorado deve realizar, caso contrário, todo julgamento manifestado será recebido como concordância com o ponto de vista e poderá representar dependência ou cumplicidade entre o mentor e mentorado, nas escolhas e rupturas que eventualmente o conflito possa exigir.

- **Afirmar:** Quando um mentorado está em situação de conflito, ele busca diretamente as afirmações do mentor, pedindo sua opinião, que nunca são consideradas como apenas um ponto de vista, mas sim como afirmação. Quando defendemos nossa opinião, sempre colocamos argumentos consistentes que sustentem nossa posição e, em sua maioria, são verdades que temos em nós e somente nos dispomos a alterá-las quando estamos envolvidos diretamente em conflitos de interesses. Por isso, afirmar deve ser a última ação que um mentor faz para seu mentorado, pois ele pode se colocar numa posição de dependência diante da segurança do mentor, ou então romper a confiança, caso a afirmação confronte diretamente com a própria opinião do mentorado.

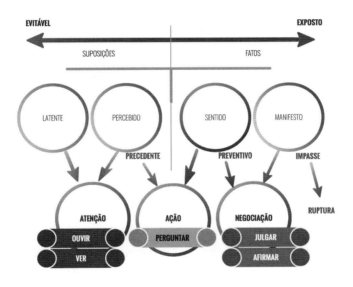

Como definir um mentor?

Estamos vivendo em um tempo de incríveis transformações. Novas tecnologias, novos comportamentos e novas perspectivas já fazem parte de nosso cotidiano.

Contudo, é justamente quando precisamos nos adaptar a esse novo cenário que sentimos os grandes desconfortos que as mudanças trazem. Gostamos de nos apegar ao que é estável. Sentimos segurança naquilo que é conhecido, principalmente quando o resultado está de acordo com nossas expectativas. Aspiramos mudanças somente quando nos decepcionamos com os resultados alcançados, mesmo assim, insistimos em buscar resultados diferentes fazendo as coisas "como sempre fizemos", revelando nossa falta de resiliência para os cenários que criamos ou que escolhemos estar.

Quando esse contexto se manifesta através de crises econômicas e políticas, sempre surgem debates sobre a substituição dos agentes que comandam esses temas e isso é legítimo, pois se algo ou alguém não está mais atendendo ao seu propósito, deve ser substituído, caso contrário, os problemas se agravam. A lógica desse pensamento é absolutamente racional e pragmática, pois considera como "propósito" a conquista do resultado esperado.

Entretanto, tenho observado que esse conceito também tem servido de base para gestão de pessoas nas empresas, estabelecendo uma incrível superficialidade nas relações entre veteranos e novatos. A busca incessante por resultados crescentes, somente alcançados com índices de produtividade agressivos, faz com que os profissionais tentem omitir ou transferir suas "falhas" para que não corram o risco de serem substituídos.

Quando se observa a relação entre os profissionais

veteranos e jovens é possível identificar com mais clareza essa realidade, afinal, parece evidente que um profissional que fica "velho" deve ser substituído por um mais "novo".

Como gestão de recursos e equipamentos, pode ser que funcione, mas quando se trata de pessoas, a realidade se tornou mais complexa, pois, atualmente, os profissionais mais experientes, motivados pelo aumento na expectativa de vida, atualizam-se e conseguem manter a produtividade em níveis que garantem os resultados. Soma-se a esse fato a reconhecida imaturidade dos jovens, resultante da falta de exposição às consequências de suas escolhas, o que os tornam mais frágeis diante de desafios de maior impacto nos resultados e levam os gestores a optarem pela substituição constante. Alguns acreditam que a verdade é diferente e atribuem aos jovens a responsabilidade por não se engajarem no trabalho ou trocarem constantemente de emprego.

Creio que há um pouco de verdade em ambas as possibilidades, mas não se pode desprezar o fato de que a rotatividade dos profissionais mais jovens é muito maior do que dos profissionais veteranos em quase todas as empresas e a prática da substituição, apesar de ser racional e lógica, não atende às expectativas de resultados quando se trata de pessoas.

Considerando o atual cenário de mudanças, os gestores devem se adaptar a uma prática diferente para a gestão de suas equipes. Ao invés das constantes substituições, deveriam promover a "sucessão" de seus profissionais.

Isso ocorre quando os desafios de maior impacto

nos resultados são direcionados para os profissionais mais jovens que, por sua vez, são assistidos pelos mais antigos. Desta forma, agindo como mentores, os veteranos podem garantir os resultados através do desenvolvimento da maturidade profissional de seus sucessores – os jovens.

Parece ser uma questão semântica, mas quando se trata de pessoas, a questão se torna relevante, afinal, você pode substituir "coisas" que não servem mais ao propósito. Já as pessoas são "sucedidas" quando encontram novos objetivos.

Nesse contexto, algo que passa despercebido, muitas vezes, são aquelas pessoas que cruzam nossa trajetória com o objetivo de "nos tocar" e transformar completamente o caminho de decisões que inicialmente havíamos considerado absoluto e correto.

Quase sempre demoramos para aceitar a presença provocativa e os "toques" afiados dessas pessoas, mas, depois de um tempo, aprendemos a respeitá-las e a esperar essa interferência em nossas vidas, pois as consideramos nossas principais referências. Isso acontece quando elegemos nossos **mentores**.

Esse relacionamento se aprofunda através de conselhos, propostas do melhor caminho a seguir, a melhor trajetória. O mentor não manda, sugere. Ele orienta, guia, mostra o caminho e as opções possíveis, deixando o mentorado fazer a escolha que julgar ser a melhor. Entretanto, esse não é o único processo que está envolvido na relação de mentoria.

Apesar de termos um papel fundamental na eleição de nossos mentores, cabe a ele – o mentor – a decisão final de considerar o nosso potencial e apostar em nossa trajetória. O mentor tem a perícia de descobrir talentos, cuidando com extrema profundidade dos crescimentos pessoal e profissional daquele que vir a ser seu aprendiz.

Isso desperta uma questão importante: É possível definir qual o melhor mentor para cada indivíduo?

A resposta é afirmativa, mas subjetiva, pois sempre há elementos mais complexos que envolvem o vínculo entre mentor e mentorado.

Primeiramente, é necessário estabelecer os parâmetros de avaliação que permitem identificar a melhor forma de atuação de um mentor. Assim como acontece na identificação do High Potential, é possível estabelecer os pilares do mentor, que são:

Nesses pilares se destacam novamente as questões de **Credenciais** que o mentor possui – Qualificação e Desempenho. Vale registrar que, quanto maior e mais amplo for o repertório, assim como mais reconhecida for a trajetória de realizações com sucesso, maiores chances de se acreditar em excelentes oportunidades de mentoria, pois são essas as condições iniciais que todo mentorado busca identificar em sua busca por um mentor.

Entretanto, há outros dois pilares que estão mais vinculados às **contrapartidas** que o mentor pode oferecer ao mentorado. Uma contrapartida está conectada diretamente ao reconhecimento público – a **Relevância** – e outra é sua forma de manifestar **Interesse** em transferir seu conhecimento ao mentorado. Cada um deles reflete a condição do mentor e seu preparo para atuar com o mentorado de forma positiva.

É bastante recomendável que o mentor acompanhe seus indicadores frequentemente, principalmente quando está realizando sessões de mentorias, uma vez que seu próprio desenvolvimento recebe influências dos mentorados. Lembre-se de que **quem ensina, aprende.**

Credenciais

Qualificação: A busca constante por ampliação do repertório pessoal é uma qualidade que se observa em mentores de sucesso. Ter um diploma acadêmico é bastante útil, contudo, não é essencial na mentoria. Muitos mentores atuam usando o que aprenderam em sua vivência, acumulando qualificações tácitas através da experiência pessoal.

Ambos os repertórios têm muito valor, por isso, o mais importante é não se manter estagnado. Diante de um mundo em constante transformação, ampliar a qualificação é algo precioso. Um mentor com alta qualificação não possui apenas certificados e diplomas, mas sim, tem uma atitude faminta diante de novos conhecimentos.

Desempenho: A trajetória de um mentor é marcada por realizações, muitas realizações. Cada projeto que se envolve, cada trabalho que realiza possui algum indicador de resultado. Isso pode representar uma coleção de sucessos e também de fracassos. Independentemente dos resultados alcançados, o mais importante é identificar a capacidade de lidar com eles, pois sempre há aprendizados nas realizações. Essa característica definirá seus maiores diferenciais, sua marca pessoal.

Um mentor com desempenho alto sempre será reconhecido como alguém de atitude, que se movimenta com intensidade e sabe ser resiliente diante das mudanças.

Contrapartidas

Relevância: O reconhecimento público do mentor não é marcado por suas qualificações ou resultados, mas sim por sua capacidade em desenvolver pessoas.

É muito comum que um mentor seja indicado para assumir esse papel. Normalmente, isso acontece quando alguém manifesta uma necessidade, pedindo auxílio, e o candidato a mentor é rapidamente lembrado como alguém que já passou por uma situação parecida e se saiu bem. Quando isso ocorre frequentemente, sabe-se que a relevância do mentor está se ampliando ou é alta, e isso desperta grande interesse no mentorado, que certamente buscará se moldar nos truques e estilos que o mentor desenvolveu em sua própria trajetória.

RELEVÂNCIA
RECONHECIMENTO PÚBLICO
RECORRÊNCIA DE INDICAÇÃO
TRUQUES E ESTILOS PESSOAIS

Interesse: Esse é o pilar mais importante na atuação em mentoria, contudo, é também o mais volátil. Durante a relação mentor/mentorado, o interesse sofre flutuações, motivadas pela própria dinâmica de vida de ambos. Há momentos em que o mentor não está bem consigo e vê seu interesse no desenvolvimento do mentorado se modificar. Isso ocorre, geralmente, com manifestações de impaciência, rispidez nas conversas, acidez na escolha de palavras e referências etc.

É importante que o mentor considere que seu interesse não deve ser em suas questões pessoais, mas sim em benefício do mentorado. Somente assim será possível estabelecer uma relação de parceria, que resulte numa contribuição efetiva no desenvolvimento da maturidade do mentorado. Para isso, o mentor deve ser sempre autêntico em suas próprias atitudes e, se não estiver em um bom momento, deve ser transparente com o mentorado e reavaliar a forma de manter a mentoria.

O exercício da mentoria irá sempre exigir do mentor muita paciência para lidar com o mentorado e consigo mesmo, sendo firme e persistente em seus valores e aberto a todas as alterações de cenário que ocorrerem, inclusive e principalmente, as que causar com suas provocações e conselhos.

INTERESSE
DISPOSIÇÃO PELO INTERESSE DO OUTRO
AUTENTICIDADE NAS ATITUDES
RESILIÊNCIA, PACIÊNCIA E FIRMEZA

Com essas diretrizes, podemos atribuir uma matriz de pesos aos pilares que seria assim:

Com a atribuição do índice é possível identificar a condição de mentoria do indivíduo e decidir sobre as possibilidades incumbidas a ele, inclusive a responsabilidade sobre um mentorado.

ÍNDICE MENTOR	DE	ATÉ
ALTO	32	42
MÉDIO	25	31
BAIXO	14	24

Quanto vale uma mentoria?

Algumas premissas antigas sempre estão na atmosfera das questões que envolvem a oferta de serviços e seu eventual valor.

Quando estamos tratando de produtos tangíveis é muito mais simples atribuir um valor e até um preço, pois sempre há referências de custos também tangíveis, tais como: preço da matéria-prima, logística de distribuição e estoque, custos de embalagem e divulgação etc.

Entretanto, quando se trata de serviços de mentoria, o processo é muito mais complexo, pois além de ser completamente intangível, não há como mensurar valor à vivência de um indivíduo. Cada experiência é única e apenas o próprio indivíduo pode atribuir significado e valor a ela.

Algo semelhante acontece com outras profissões baseadas em competências, qualificações e experiências pessoais, por exemplo Médicos, Advogados, Psicólogos etc. Contudo, no caso da mentoria, a questão é um pouco mais abstrata, pois não se trata da aplicação de uma metodologia ou de um processo estruturado, como prestação de serviços.

Quando atribuímos valor a um atendimento médico consideramos um conjunto de procedimentos reconhecidos e aprovados que o profissional fará, baseados principalmente em suas qualificações, competências e até suas experiências. O mesmo acontece quando buscamos serviços de um advogado, que terá o valor de seu serviço reconhecido pela competência na condução de processos já estruturados no mundo jurídico. Nesses exemplos existem tabelas de valores de referência, que as próprias associações profissionais padronizam.

Evidentemente, esses exemplos também contemplam fatores mais sutis de **competência, resultado, relevância** e **estilo** que permitem a **diferenciação do profissional**. Ou seja, um mesmo atendimento pode ter valores significativamente diferentes, dependendo da qualidade e relevância que o profissional conseguir incutir ao seu serviço.

Se considerarmos que a atuação como mentor também é essencialmente representada por fatores abstratos e sutis (qualificação, desempenho, relevância e interesse), temos condições de estabelecer um modelo que atribua valor à mentoria.

Para isso, devemos considerar as premissas básicas de atribuição de valor na sociedade moderna, que estabelece uma relação direta entre **Qualidade** e **Raridade**.

Qualidade

Gostamos de consumir produtos e serviços que nos transfiram percepção de qualidade. Alguns autores definem a qualidade sob suas visões, como por exemplo: Joseph Moses Juran diz que "Qualidade é adequação ao uso"; Philip Bayard Crosby define que "Qualidade é conformidade às especificações"; Noriaki Kano explica qualidade como "Produtos e serviços que atendem ou excedem as expectativas do consumidor".

No sentido mais comum e amplo, qualidade é a propriedade de qualificar, de dar um determinado valor a serviços, pessoas, objetos etc. Assim, qualidade é relacionada ao atendimento de necessidades e expectativas que temos com relação a tudo que utilizamos.

Valorizamos a qualidade e atribuímos valor a tudo que consumimos, diferenciando os produtos e serviços através da simples comparação ou das referências que possuímos. Sabemos identificar rapidamente algo de qualidade, principalmente quando "excede nossas expectativas". A fórmula é simples: quanto mais qualidade percebida, maior valor atribuído.

Raridade

Esse é outro componente de atribuição de valor muito poderoso, pois está vinculado tanto aos conceitos econômicos de "oferta e procura", como também ao medo que temos da sensação de perda e às expectativas e aspirações que temos em nosso ego. Tudo que é raro está, de certa forma, indisponível, e se ainda não está, pode ficar, e assim perdemos; por isso presume-se que há mais esforço para alcançar o que é raro, por isso, há mais valor.

Há também a percepção de que podemos ter algo que é pouco frequente e isso traz uma satisfação pessoal única, pois atende nossas mais íntimas expectativas de exclusividade. Gostamos de acreditar que somos únicos, por isso valorizamos qualquer circunstância que consiga transferir esse sentimento.

Contudo, muitas vezes, a raridade não tem seu valor reconhecido apenas por nosso ego. Há circunstâncias onde o simples fato de ser algo único e que atende a uma necessidade imediata também faz com que valorizemos aquilo, como por exemplo, uma garrafa de água fria, depois de um dia inteiro andando no intenso calor de um deserto sem beber nada.

A fórmula nesse caso também é simples: quanto mais raridade percebida, maior valor atribuído.

Com esses conceitos é possível elaborar um modelo adequado para atribuição de valor que pode ser representado por:

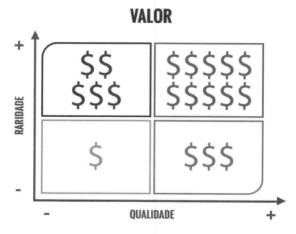

Entretanto, este simples conceito não é suficiente para ajudar a atribuir valor a um serviço tão abstrato como a mentoria. É necessário que o mentor trabalhe com muita seriedade nos três fatores que permitem alcançar qualidade e raridade, para assim conquistar mais percepção de valor para seu serviço.

Os fatores são:

Esses fatores são interdependentes entre si e devem ser desenvolvidos de forma equilibrada para que o valor resultante reflita de forma correta a real dimensão do impacto que a mentoria pode promover.

Conteúdo

De um mentor sempre é esperado um bom repertório de informações e referências. Existe a premissa de que um mentor tem conhecimento profundo sobre aquilo que vivenciou, sobre aquilo que ganhou experiência. As expectativas do mentorado só serão atendidas se o que for apresentado pelo mentor tiver consistência. Não há muito espaço para uma atuação com informações superficiais, especulações e suposições.

O conteúdo que deve ser oferecido precisa estar conectado à realidade do mentorado e deve ter um caráter atual e não ultrapassado.

Isso exige um cuidado especial do mentor com seu próprio repertório. Manter-se atualizado, informado e absolutamente conectado com as circunstâncias da atualidade é absolutamente necessário e, para superar as expectativas, é importante que o mentor também "viaje" pelas tendências que o futuro pode trazer.

Lembre-se, o mundo atual é **V.U.C.A.** e o mentor deve considerar que:

Volátil (*volatility*): Não há espaço para quem assiste como crítico ao invés de fazer algo com essa volatilidade.

Incerto (*uncertainty*): Não há como sustentar uma atitude com muitas certezas, principalmente quando se está diante de informações superficiais ou de suposições.

Complexo (*complexity*): Não há cenário que permita apenas declarar intenções ao invés fazer algo, correndo o risco até de falhar.

Ambíguo (*ambiguity*): Não há como ignorar as novas formas de ver as coisas.

Design

No mundo atual, composto por uma sociedade "supernutrida" de informações e referências, tornou-se mandatário ficar atento à forma que escolhemos para apresentar nosso conteúdo.

Da mesma maneira que há facilidades tecnológicas que nos permitem utilizar modelos pré-elaborados (templates), transferindo uma "moldura bacana" para nosso conteúdo, há uma superposição de modelos que banalizam o próprio conteúdo. Portanto, a escolha não pode ser pelo caminho da facilidade, mas sim pelo caminho da identificação de propósito.

A forma que o mentor escolhe para apresentar seu conhecimento e experiência certamente transfere valor e credibilidade à mentoria. Alinhar o seu conteúdo à um design que tenha conexão com os próprios propósitos de mentor demonstra um cuidado com a proposta de serviço que deseja compartilhar.

Em uma mentoria profissional, faz parte do design ficar atento aos acordos contratados. Ações como pontualidade, ambiente adequado e acolhedor, preparação prévia de conteúdos que apresentará na sessão, registros sistemáticos dos assuntos tratados, discrição e sigilo são alguns dos componentes de design que o mentor deve sempre observar e cuidar para que superem as expectativas de seu mentorado, para que um maior valor seja percebido e atribuído.

Relevância

Transformar o reconhecimento público em valor é uma tarefa que requer um conteúdo oportuno e interessante, uma apresentação sedutoramente impecável e muita, muita capacidade de relacionamento. Não se constrói uma relevância sem considerar os impactos que as escolhas do indivíduo têm sobre as outras pessoas.

Tudo começa com a credibilidade e consistência de atitudes, demonstrada por frequentes decisões bem elaboradas e de comprovada eficiência. Essa credibilidade evolui para a construção da reputação, que permite às pessoas saberem quais serão as atitudes do indivíduo em um conjunto determinado de desafios e situações. Algumas pessoas têm reputação de serem firmes, outras determinadas ou agressivas, ou até competitivas etc. Normalmente, se associa a reputação a algum tipo de atitude mais característica que o indivíduo demonstra. A reputação precede o indivíduo e serve como uma espécie de apresentação, geralmente quando se inicia algum tipo de relacionamento.

Grande parte das pessoas desenvolve sua reputação com muita facilidade, muitas vezes, apenas repetindo comportamentos observados em outras pessoas. Entretanto, poucos conseguem ampliar sua reputação e alcançar o nível de relevância.

Ser reconhecido publicamente ao ponto de se tornar uma referência sobre um determinado assunto é algo bastante incomum. Ser relevante refere-se ao que tem importância, ao que se destaca ou que é indispensável e sempre está associado a alguma realização.

Quando se aplica esse conceito na mentoria fica claro que é preciso tornar precioso e marcante o conhecimento do mentor, e isso tem que ser algo reconhecido pelo mentorado. A relevância atinge maior intensidade se acontecem indicações recorrentes e reconhecimento público a respeito deste conhecimento.

Não se trata de estabelecer uma atitude que busque a fama das celebridades, isto é fútil, passageiro e sempre requer muito esforço para se manter no topo. A fama passa com o tempo e com as mudanças de cenário, já a relevância permanece como legado, pois ela é construída por realizações.

Um fato peculiar é que relevância atrai relevância, ou seja, sempre "emprestamos" relevância quando estamos com alguém menos relevante e vice-versa. Pode-se até dizer que relevância é contagiosa, por isso, o mentor deve sempre ficar atento aos seus relacionamentos, como mostra, sabiamente, o pensamento de Guimarães Rosa em sua obra *Grande Sertões-Veredas*:

"*É junto dos bão que a gente fica mió.*"

capítulo 5

A mentoria e suas sutilezas

"Ninguém nunca fez diferença sendo igual ao resto das pessoas."

P. T. Barnum
interpretado por Hugh Jackman,
no filme *O Rei do Show*

Qual a melhor forma de abordagem?

Diferente do que normalmente se acredita, atuar como mentor não é uma ação que "simplesmente acontece". Portanto, não deve ser considerado como um ato que surge espontaneamente diante de circunstâncias favoráveis, muito menos como uma epifania que se manifesta subitamente como uma sensação de entendimento ou compreensão da essência de algo. Mentoria é uma ação intencional com um propósito – **desenvolver a maturidade de outro indivíduo**.

Mesmo que a oportunidade de mentoria aconteça uma única vez, deve-se considerar a intenção prévia de promover a maturidade, ou seja, não há espaço para improvisos. O indivíduo que está com a missão de ser mentor precisa se manter atento às oportunidades, que, muitas vezes, configuram-se de forma simples através de um pedido de opinião ou conselho a respeito de alguma coisa.

Esse é um momento bastante singular e sensível na relação entre mentor e mentorado, pois emitir uma opinião pode parecer uma inocente forma de expressar um pensamento, contudo, quando essa opinião carrega o peso da palavra de um mentor. Os efeitos podem ser inusitados e levar o mentorado a desenvolver, não sua maturidade, mas sim a dependência do mentor.

Isso ocorre com facilidade, quando não estamos

atentos ao foco de três formas de abordagens muito comuns na mentoria – a opinião, o conselho e a referência.

Opinião

Quando nos pedem a opinião sobre algum fato ou acontecimento, a expectativa é de que seja apenas a percepção pessoal sobre o que foi relatado. Contudo, é impossível transmitir nossas percepções sem incluir todos os julgamentos, premissas e suposições que temos a respeito das pessoas envolvidas, assim como do próprio assunto em questão.

Gostamos de nos "posicionar" e dizer o que pensamos sobre as coisas que não nos afetam diretamente. Em algum nível íntimo chegamos até a acreditar que estamos fazendo o bem quando damos a opinião, inclusive quando não é solicitada. Afinal, sempre parece ser algo bom "aumentar a consciência do outro com nossa forma de ver as coisas".

Dar uma opinião é quase sempre uma ação emocional. Sentimo-nos lisonjeados quando "nos pedem" a opinião, assim como nos sentimos menosprezados quando "não nos consultam". Na verdade, quase nunca esperamos autorização para emitir nossa opinião. Falamos o que pensamos e pronto!

Um mentor não age assim. Considera que a própria opinião é um recurso raro e que precisa ser utilizado apenas com o objetivo de ampliar a visão do mentorado a respeito de algum assunto. E mesmo assim, só expõe seu pensamento depois de entender todo contexto que envolve o assunto e as pessoas relacionadas.

Isso significa que, antes de emitir uma opinião, o mentor pergunta bastante, pois somente assim pode eliminar todo tipo de suposição e obter o máximo de fatos.

É importante lembrar que quando alguém pede uma opinião, normalmente, já tem sua própria conclusão sobre o assunto e busca algum tipo de aprovação ou concordância com seu pensamento. Essa concordância passa a sensação de que o peso das consequências é diluído, já que sempre haverá alguém que "concordou" com tal opinião.

Só que esse fenômeno não é o pior que pode acontecer na relação de mentoria.

Há circunstâncias em que a opinião do mentor é conflitante com a do mentorado, trazendo o debate para um nível de questões racionais e de ponto de vista. Quando isso acontece é fácil alcançar uma argumentação conflituosa que torna a relação ácida e, em alguns casos, até tóxica, afetando a fluidez da mentoria.

É evidente que o mentor não deve "concordar" com tudo só para manter a relação de mentoria fluída, mas é melhor ter uma abordagem mais direcionada para referências, até porque, há sempre o risco do mentorado mudar seu pensamento após ouvir a opinião do mentor e, posteriormente, caso algo ruim aconteça, culpar o mentor pelo acontecimento negativo.

Isso significa que, quando emitimos nossa opinião,

sempre nos tornarmos, em algum nível, corresponsáveis pelas consequências decorrentes da exposição de nosso pensamento.

Emitir a própria opinião é o último recurso do mentor e ele deve lembrar sempre, do antigo provérbio chinês que diz: "Há três coisas que nunca voltam atrás: a flecha lançada, a palavra pronunciada e a oportunidade perdida."

A propósito, nos dias atuais, onde há muitas coisas fluindo para as redes sociais, talvez o provérbio deva ser atualizado para:

> *"Há quatro coisas que nunca voltam atrás: a **flecha lançada**, a **palavra pronunciada**, a **oportunidade perdida** e o **post publicado na rede social**."*

Conselho

Apesar de, em muitas situações, opinião e conselho se misturarem, são conceitos bem diferentes. Enquanto a opinião é sua forma de expressão do pensamento, o conselho é uma forma de apresentar o pensamento como sugestão ou recomendação.

Não se trata apenas de uma questão semântica. Fazer uma recomendação não carrega o peso da corresponsabilidade para o aconselhador. Dar um conselho, normalmente envolve a autorização prévia, o consentimento de quem vai receber.

Uma questão que precisa ser considerada no processo de mentoria é que, para aconselhar alguém, o mentor deve primeiro ter um amplo conhecimento do contexto e da realidade do mentorado. Deve entender suas motivações, suas aflições, suas premissa e suposições, para somente depois fazer algum tipo de recomendação ou sugestão.

Claro que isso envolve uma ampliação e um aprofundamento no relacionamento entre o mentor e o mentorado, fazendo com que os conselhos possam ocorrer somente depois de muita troca entre ambos.

O mentor deve ter sempre em mente que o conselho tem o objetivo de promover a autoconfiança do mentorado. Por isso, antes de aconselhar, o mentor deve sempre considerar o quanto sua sugestão poderá auxiliar e servir de apoio, sem que isso signifique dependência ou submissão.

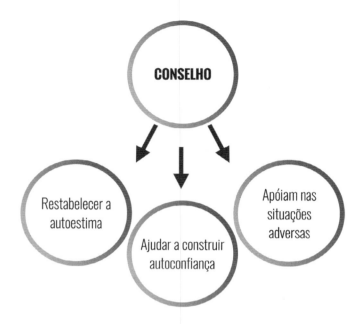

Referências

Uma mentoria com abordagem focada em referências é a mais poderosa abordagem que um mentor pode utilizar em sua atuação.

Em nossas referências pessoais estão registradas todas as escolhas e renúncias que fizemos durante nossa vida, todas as cicatrizes que ajudaram a formar nosso estilo pessoal e todas as aspirações que desenvolvemos como sonhos. Nosso repertório tácito nos serve de referência e quando o disponibilizamos numa mentoria criamos uma oportunidade de reconhecimento de nossa trajetória, por parte do mentorado.

Uma característica interessante em usar referência

é a utilização de analogias e similaridades como ponto de partida, apresentando os caminhos adotados pelo mentor e quais aprendizados foram alcançados. Isso permite que o mentorado possua ângulos diferentes de sua situação e fique estimulado a fazer escolhas diferentes das usuais.

As referências são, por natureza, uma constante fonte de inspiração e estímulo, desde que que sejam devidamente abstraídas e apresentadas de forma transparente e verdadeira. Não adianta inventar histórias para tentar mostrar alguma coisa para o mentorado. Quando se usa desse tipo de artifício, coloca-se em risco a confiança e a credibilidade do mentor, pois nenhuma falsa narrativa se sustenta por muito tempo diante da realidade.

Uma peculiaridade muito interessante das referências é que o mentor pode utilizá-las mesmo sendo de realidades que não vivenciou diretamente. Contudo, isso altera um pouco os pesos que essas menções terão sobre o mentorado. Viver uma história diretamente tem mais valor do que estar bastante conectado com quem protagonizou. Ter presenciado diretamente os acontecimentos tem mais valor do que ter ouvido falar do fato.

De qualquer forma, as referências sempre poderão apresentar ideias instigantes e mobilizadoras. Um grande mentor que utilizava muito esse tipo de abordagem foi Jesus Cristo, que transmitiu muito de seus ensinamentos através de parábolas e histórias vivenciadas por ele, ou por outras pessoas.

Uma forma bastante contemporânea de utilizar

referências é indicar filmes comerciais que apresentem situações análogas às vivenciadas pelo mentorado. Nesse caso, é recomendado que o mentor assista ao filme novamente e nas sessões de mentoria estimule debates a respeito das analogias e desdobramentos que foram observados.

Quais assuntos devem ser abordados?

As sessões de mentoria costumam ter um direcionamento bastante estruturado e até formal no início, lembrando bastante reuniões de entrevistas de emprego ou de avaliação de desempenho. Isso é natural nos primeiros encontros e cabe ao mentor quebrar esse ritmo o mais rápido possível, conduzindo a um ambiente mais fluído, que permita construir a confiança adequada e o vínculo necessário para que a mentoria seja aproveitada por ambos.

A princípio, não há limites para os assuntos, que podem transitar entre a vida pessoal e profissional do mentorado com muita tranquilidade. Contudo, é importante observar que um mentor jamais deve se aventurar no campo dos traumas pessoais, a menos que seja um psicólogo ou psiquiatra capacitado para lidar com esse tipo de circunstâncias.

Normalmente, os traumas podem aparecer depois de algumas sessões. À medida em que a confiança se manifesta, o mentorado pode trazer questões mais complexas, principalmente aquelas que envolvem sua rede de relacionamento mais próximo ou experiências traumáticas em seu passado, tais como brigas antigas, rupturas tensas, perdas financeiras significativas, decepções pessoais etc.

Quando ocorre algo dessa natureza durante a sessão de mentoria, o mais recomendado para o mentor é ouvir com atenção, sem julgamentos e, se perceber que representa algum tipo de trauma ou dor ainda presente, deve sugerir a busca de um terapeuta profissional.

Claro que o mentor não deve "investigar" a vida do mentorado em busca de segredos e traumas, mas deve ficar atento à recorrência de conversas sobre o mesmo assunto. Quando o mentorado usa qualquer argumento para retornar a algum tema, o mentor deve conversar diretamente sobre o assunto, como forma de feedback e, diante da reação, recomendar ou até encaminhar para um psicólogo.

Na mentoria existem alguns temas que são abordados com maior naturalidade e servem de guia para que o mentor estabeleça um relacionamento de confiança e troca de experiências. Os temas mais comuns são: o cenário do mentorado, suas referências, tarefas entre sessões, provocações do mentor, desabafos do mentorado e planos futuros.

Cenário

Conversar sobre a vida do mentorado é fundamental e, se a confiança for estabelecida com sucesso, em todas as sessões surgirão alguns aspectos novos sobre suas expectativas e aspirações, assim como seus medos e limitações.

Não recomendo que o mentor transforme as sessões de mentoria em um interrogatório ou em uma constante entrevista. É mais adequado que converse trocando informações de forma mais natural.

Uma boa estratégia é fazer uma pergunta objetiva e, assim que o mentorado responder, apresentar a sua resposta pessoal para a mesma pergunta. As perguntas objetivas, normalmente, tem respostas simples e curtas, por exemplo: "onde você fez a graduação?".

Promover essa troca no início das sessões ajuda no processo de construção de confiança e integração.

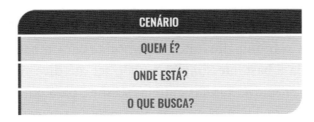

Referências

Esse tema já foi abordado anteriormente, por isso vale apenas o registro de que toda referência deve ser autêntica e, sempre que possível, protagonizada pelo mentor de forma direta para ter mais credibilidade.

Histórias pessoais despertam interesse e provocam o mentorado a refletir e se manter atento aos truques que o mentor desenvolveu para superar o desafio relatado nos acontecimentos.

Um mentor sempre tem alguma história para contar e isso deve ser bastante utilizado durante as sessões, para que o processo não se torne um constante interrogatório.

REFERÊNCIAS
- HISTÓRIAS PESSOAIS
- HISTÓRIAS DE OUTROS

Tarefas

Criar uma dinâmica interessante para as sessões de mentoria é bastante simples e pode ser até divertido se o mentor promover tarefas entre as sessões, para que o mentorado possa desenvolver suas percepções e conjecturas sobre os temas que serão tratados.

Normalmente, as primeiras sessões são mais "frias" e formais, por isso é sempre bom recomendar que o mentorado assista algum filme escolhido previamente, com o objetivo de analisar o comportamento de um personagem específico que seja recomendado pelo mentor. Isso serve de aquecimento para a sessão de mentoria e ajuda a tornar o clima mais leve.

Claro que esse tipo de tarefa não é o objetivo da mentoria. Não se trata de desenvolver um crítico de cinema, mas sim de avaliar a forma que o mentorado abstrai suas referências e como executa tarefas negociadas entre ele e o mentor.

Além de filmes, pode-se recomendar a leitura de livros e artigos, algumas palestras do TED Talks. Outra boa abordagem é estimular relatos de histórias inusitadas que o mentorado vivenciou e até mesmo promover a construção de uma linha do tempo, caso ele demonstre alguma falta de foco ou de coerência em seus relatos.

Provocações

Uma forma diferenciada de abordagem é fazer uso de provocações, trazendo pontos de vista antagônicos aos argumentos que o mentorado apresenta quando defende suas escolhas e posicionamentos. Algo como ser "o advogado do diabo" diante dos relatos em que o mentorado se apresenta sem alternativas, ou quando está com uma postura de crítico diante de sua própria realidade.

Uma outra forma de provocação é apresentar hipóteses e suposições que desafiem o mentorado a se posicionar, se o cenário estivesse exatamente como ele gostaria. Em muito casos, vale simular a situação que o mentorado está relatando e analisar conjuntamente os fatos.

Ainda há a possibilidade de provocar, devolvendo a pergunta que eventualmente ele lançar na sessão, mas esse é um procedimento irritante e que gera pouca reflexão, por isso, não é aconselhável.

O importante é considerar que provocações sempre trazem reações, por isso é recomendável que o mentor somente faça uso delas quando já estiver com um relacionamento mais avançado e com a confiança bem estabelecida.

> **PROVOCAÇÕES**
> **QUESTIONAMENTOS USADOS**
> **HIPÓTESES, SUPOSIÇÕES**
> **PONTOS DE VISTAS ANTAGÔNICOS**

Desabafos

Não é raro ocorrer momentos de desabafos durante as sessões de mentoria, com o mentorado trazendo relatos de frustrações e decepções. Esses momentos são ricos para o mentor, pois sempre deixam os elementos mais transparentes para a leitura de maturidade.

Nessas circunstâncias, o mentor deve preservar sua audição ativa e focar principalmente nas sutilezas da comunicação não-verbal que acontece durante os relatos. Lembre-se que este tipo de narrativa normalmente é carregada de emoções e sentimentos de mágoa ou indignação, por isso é comum que sejam momentos mais tensos. Podem, inclusive, surgir desabafos sobre acontecimentos recentes que, eventualmente, têm relação direta com traumas pessoais de experiências do passado.

Em todos os casos, vale a premissa do mentor promover o acolhimento e avaliar possíveis encaminhamentos, quando for o caso.

> **DESABAFOS**
> CONVERSAS SOBRE FRUSTRAÇÕES
> DECEPÇÕES COM OUTROS

Planos

Por fim, o mentor deve se lembrar que toda mentoria é um processo que obedece um ciclo contratado, portanto não deve ser um processo sem um objetivo claro.

Sempre que for estabelecer uma relação de mentoria, deve-se estabelecer um contrato que contemple a frequência dos encontros, as possíveis formas e locais para realização da mentoria, os acordos sobre horários e tarefas e até a forma de remuneração e de pagamento, se for o caso de uma mentoria profissional.

Além disso, deve-se estabelecer em conjunto metas de curto e médio prazo, assim como a duração do processo de mentoria, que pode ser renovado depois de uma avaliação dos resultados.

> **PLANOS**
> CONTRATOS PESSOAIS
> PRÓXIMOS PASSOS DE CURTO E MÉDIO PRAZO
> METAS FUTURAS

O fim do pensamento complexo

Recentemente, ao dar uma carona de carro a um jovem da geração millennial, pude observar seu total incômodo por eu não utilizar o aplicativo de trânsito e "confiar apenas na minha memória". Ele realmente estava aflito, ao ponto de contestar minha capacidade de chegar ao endereço.

Enquanto eu afirmava que não havia necessidade do aplicativo, por ser um local que eu conhecia muito bem e onde havia passado boa parte de minha vida, aquele jovem, movido de toda retórica peculiar de quem é superconfiante na tecnologia, afirmava que eu estava sendo estúpido, pois o aplicativo sempre mostraria o melhor caminho e me levaria para longe do trânsito.

Diante dessa atitude, de evidente inquietude misturada com arrogância, decidi ativar o aplicativo com a condição de "fazer o meu caminho" e ver quem chegaria mais rápido – eu ou o Waze. Mesmo chegando com 15 minutos de antecedência, o jovem não se convenceu e afirmou que eu havia "tido sorte", pois o trânsito liberou justamente no meu caminho.

Quando tentei conversar com o jovem sobre o ocorrido, falando sobre a necessidade de ter "pensamento crítico" e não confiar totalmente em algoritmos e sistemas, ele me olhou com desprezo e disse que não estava afim de saber detalhes, bastava saber que o aplicativo teria a resposta que buscava.

Se essa atitude se restringisse apenas a um jovem imaturo seria até aceitável, diante de um cenário que apresenta facilidades tecnológicas incontestáveis. Mas, o que estamos vendo é uma "contaminação" desse comportamento em todos os níveis – como se todos quisessem ser millennials.

Ao buscar um endereço no Waze não estamos mais avaliando o resultado apresentado e, mesmo quando ele indica um caminho 60% mais longo, acreditamos que esse é, sem dúvida, o caminho mais rápido.

Esse é um fenômeno assustador, pois vemos que, assim como os jovens da geração millennial – aqueles que nasceram a partir de 1996 – vemos que todos adotam, em algum nível, a postura de espectadores dos acontecimentos. Usamos como base fundamental as intensas postagens nas redes sociais e atribuímos a elas condições de verdade sem nem ao menos criticar.

Confiamos totalmente em postagens cheias de informações superficiais e fragmentadas sem considerar a mínima possibilidade de serem falsas ou equivocadas. De fato, chegamos a considerar que, se não vimos nas redes sociais, provavelmente não é uma informação verdadeira.

O "pensamento crítico" está cedendo lugar à resposta pronta e rápida que se encontra a um clique, não mais apenas no Google, mas também no Facebook, Instagram ou "naquele grupo de WhatsApp". Estamos chegando a uma condição social preocupante, onde já não se avalia mais o que passa diante de suas retinas, vidradas em "smartphones", dos quais somos cada vez mais dependentes.

A maior preocupação está justamente na indiferença e omissão que se observa diante de toda essa realidade. Assim como num cenário de *The Walking Dead*, vemos pessoas agindo como "zumbis", sem se olhar, sem criticar, sem reagir, mesmo quando a situação precisa de uma atitude humana.

É essa a realidade que devemos deixar de exemplo e modelo para a geração millennial e as próximas gerações, ou será que devemos fazer algo a esse respeito?

Um dos aspectos mais visíveis nos jovens desta tal geração é a facilidade que possuem em argumentar e até mesmo apontar problemas quando estão diante de alguma situação que represente o risco de prejudicá-los diretamente. Esse é um talento que resulta, em grande parte, da "supernutrição de informações" que eles estão submetidos nas mídias sociais.

Essa condição não está restrita ao jovem, afinal todos os indivíduos, independentemente da idade, podem usufruir dessa evolução social provocada pela internet e suas infinitas possibilidades. Contudo, é inegável que são os jovens que melhor sabem como acessar o infinito universo de dados que permitem estabelecer referenciais de comparação muito eficazes, por isso a extraordinária capacidade de crítica e retórica que observamos nos millennials.

Tal cenário é tão evidente, que as empresas e seus gestores já não consideram o jovem apenas uma força de trabalho novata e, portanto, mais barata. Tudo está se transformando, mas ainda não está claro quais são os pilares que sustentam a nova realidade de gestão.

A busca por engajamento e a retenção de jovens profissionais agora é tão prioritária quando a gestão do negócio e o foco nos resultados, mas, mesmo assim, esse fator não representa ainda ações práticas e eficazes no aproveitamento de todo potencial de inovação e produção que os jovens podem realizar.

Chega a ser um paradoxo que a maior quantidade de indivíduos desocupados ou desempregados estão justamente na faixa de 18 a 24 anos (25,9% em 2017 – IBGE), quando justamente deveríamos estar observando o pleno emprego de todo potencial produtivo que a geração mais preparada da atualidade deveria representar. Isso significa que há um desafio educacional sem precedentes.

Como veteranos, erramos nas últimas duas décadas ao dedicar muita energia apenas em qualificar os mais jovens em competências, fornecendo todo tipo de acesso a informações, treinamentos e formações teóricas. O erro foi justamente negligenciar o desenvolvimento das atitudes, provocando o surgimento de uma geração frágil e completamente dependente da mesma tecnologia que deveria ajudar a ampliar, de forma exponencial, todo potencial dos jovens millennials.

O resultado é que hoje encontramos, sem muito

esforço, jovens ambiciosos, declarando seus sonhos e expectativas nas redes sociais, mas que agem de forma indiferente ou omissos diante dos desafios, aguardando algum tipo de solução colaborativa que alguém deveria estar apresentando.

Não há mais dúvidas de que os jovens estão alterando e irão continuar transformando completamente o mundo, mas precisamos entender que isso está acontecendo justamente por causa dos comportamentos e expectativas deles, por isso não se pode mais negligenciar o desenvolvimento das atitudes dessa geração.

Aprender a lidar com as frustrações, desenvolvendo a resiliência necessária nesse mundo em transformação, deve ser uma das principais buscas que o jovem deve promover em sua vida, pois assim alcançará a maturidade e autonomia para lidar com suas escolhas e seus propósitos.

capítulo 6

Sessões de mentoria
Roteiros e processos

Encontro 1

O mundo completamente conectado

Preparando-se para o encontro

É importante você estar preparado para o encontro, por isso, reúna todas as informações que conseguir apurar (mesmo através de redes sociais) sobre o seu mentorado. Essa atitude demonstra respeito, disciplina, responsabilidade e interesse, e aumenta o engajamento de seu mentorado.

- Separe um horário em sua agenda para este momento de preparação.
- Anote suas expectativas para esta sessão.
- Reflita sobre o que você quer saber de seu mentorado e o que pretende dizer a ele sobre você.

Tenha em mente que a mentoria é uma ferramenta para o desenvolvimento de todos os envolvidos e você também será impactado pelo processo.

Negociando a dinâmica dos encontros

- Combine os horários e duração dos encontros.
- Negocie quando e onde vocês realizarão as sessões.
- Combine o que fazer caso um dos dois não possa comparecer.
- Estabeleça os acordos de trabalhos entre os encontros.
- Explique as regras de confidencialidade.
- Construam juntos os objetivos e expectativas para a mentoria.

Conhecendo o mentorado

Faça perguntas abertas sobre a vida do mentorado:

- O que você faz? (Trabalho e atividades, independentemente se há remuneração).
- Qual sua formação acadêmica? (Cursos regulares e extras).
- Como ocupa seu tempo além das atividades? (Interesses e hobbies).
- Qual é sua realidade de relacionamentos? (Família, amigos, namoros etc.).
- Qual sua maior conquista? Por quê?
- Qual sua maior falha? Por quê?

Nesse primeiro encontro é natural que pareça uma entrevista, por isso é importante que você intercale as perguntas com comentários sobre sua própria vida, assim você também se apresenta e a relação entre ambos começa a se alinhar.

Estabeleça o índice de maturidade a partir de suas percepções e registre tudo no prontuário

Sugestões de filmes para o próximo encontro
- *Incontrolável* (Unstoppable)
- *Como Treinar Seu Dragão* (How to Train Your Dragon)

Encontro 2

Felicidade é algo que se realiza

Preparando-se para o encontro

Essa é a primeira oportunidade de usar sua experiência e expertise para construir uma relação de confiança. Esse é o objetivo principal desse encontro, por isso, fale sobre você. Permita que o mentorado faça perguntas sobre sua vida e revele o que for conveniente.

É importante você estar preparado para este momento. Para tanto, reúna todas as informações que anotou no prontuário e estude. Relembre os aspectos mais sutis que observou no primeiro encontro e mantenha a atenção, assim você poderá identificar padrões de comportamentos do mentorado. Essa observação auxiliará muito quando você estiver diante de oportunidades de feedbacks.

Conhecendo as aspirações e expectativas

Faça perguntas abertas sobre os sonhos e desejos do mentorado:

- Qual seu sonho mais caro? (Financeiramente falando).

- Qual desejo você estaria disposto a pagar para realizar?
- Quais renúncias você já fez?
- Quais ainda estaria disposto a fazer?
- Qual é o seu maior pesadelo?
- Qual é o seu maior medo?

Nesse encontro a prioridade é compartilhar aspirações e expectativas, por isso é importante você estabelecer uma relação de troca com o mentorado, contando sobre suas próprias aspirações. Mencione seus sonhos realizados e os que não aconteceram. Fale sobre os pesadelos que tinha e os que nunca se concretizaram. Então, não vacile, para cada pergunta que fizer, tenha a sua resposta e apresente-a quando oportuno.

Estabeleça o índice de maturidade a partir de suas percepções e registre tudo no prontuário

Sugestões de filmes para o próximo encontro
- *O Senhor Estagiário* (The Intern)
- *A Lenda dos Guardiões* (Legend of the Guardians)

Encontro 3

Serei sempre assim?

Preparando-se para o encontro

Você já conhece um pouco o seu mentorado, nos encontros anteriores vocês estabeleceram uma relação e iniciaram o processo de construção de confiança através do compartilhamento de sonhos. Agora, chegou o momento do autoconhecimento.

Será a primeira oportunidade em que você poderá dar feedbacks sobre suas percepções acerca do mentorado. Esse é o objetivo principal desse encontro, por isso fale sobre o mentorado.

Normalmente, gostamos de ouvir o que pensam de nós, por isso é importante você ser bastante sincero e objetivo em seus comentários. É comum utilizar algum instrumento de autoconhecimento (DISC, MBTI, QUANTUM etc) como ferramenta auxiliar para esse tipo de conversa.

Algumas dessas ferramentas são disponibilizadas gratuitamente na internet, mas fique atento, podem ser experimentais ou falsas e a utilização delas pode provocar mais confusão na mente do seu mentorado.

Conhecendo pontos fortes e fracos

Faça perguntas abertas sobre a auto percepção do mentorado:
- Onde você sempre "manda bem"?
- Que coisas você sabe que faz melhor que a média?
- Quais são os elogios que você recebe com maior frequência?
- Qual atividade você "assume a liderança" porque sabe que irá arrasar?
- Onde você falha constantemente?
- Que "bronca" você recebe com mais frequência?
- Quando recebe críticas, qual é a que mais lhe irrita?
- Que tipo de atividade você evita, porque sabe que é horrível ao realizá-la?

Nesse encontro a prioridade é ajudar seu mentorado a identificar seus talentos e suas limitações. Normalmente, é nesse tipo de encontro que se inicia os primeiros movimentos para resgate ou recuperação da autoestima, quando é o caso.

Se, porventura, seu mentorado estiver com a autoestima "inflada", ou seja, dando sinais claros de arrogância, foque muito mais nas questões que o ajudem a identificar seus limites, principalmente se perceber uma tendência comum em transferir a responsabilidade das falhas e erros para outras pessoas.

Estabeleça o índice de maturidade a partir de suas percepções e registre tudo no prontuário

Sugestões de filmes para o próximo encontro
- *Carros* (Cars)
- *Gênio Indomável* (Good Will Hunting)

Encontro 4

O valor do potencial

Preparando-se para o encontro

A esta altura do processo de mentoria você já deve perceber algumas ações de seu mentorado. É possível que ele já tenha iniciado algumas mudanças em suas escolhas, por isso não tenha preocupação em perguntar. Investigue o quanto as sessões estão ajudando. Esse é o objetivo principal desse encontro, por isso, pergunte ao seu mentorado sobre as ações que ele tem realizado.

Prepare alguns questionamentos que o ajudem a verbalizar as reflexões que tem feito e o quanto isso está alterando suas escolhas.

Para esse momento é muito interessante você preparar uma lista de alguns dos pontos fortes e fracos do mentorado, que você vem colecionando durante os encontros. Se tiver como priorizar aqueles pontos (fortes e fracos) que são semelhantes em você e que foram se transformando durante a sua trajetória, você conseguirá obter uma audição mais efetiva, pois o mentorado sentirá uma convergência de realidade e certamente terá maior interesse em sua experiência.

Refletindo sobre os talentos e potenciais

Faça perguntas abertas que proporcionem reflexões mais profundas no mentorado:

- Qual a coisa mais ousada que você já fez? (Serve doida, maluca).
- Qual é a coisa mais inusitada que você já viveu?
- Qual foi o resultado da decisão mais disruptiva que você já tomou?
- Quando sentiu seu maior medo na vida?
- Que escolha faria diferente se você pudesse voltar ao passado?
- O que você faria se tivesse a absoluta garantia que não iria falhar?
- Quando foi a última vez que você fez algo "pela primeira vez"?

Nesse encontro a prioridade é ajudar seu mentorado a identificar seu potencial e enfrentar seus medos. É comum que o mentorado apresente justificativas ou desculpas para seus medos, mas é mais provável que o maior medo seja enfrentar as frustrações decorrentes das escolhas erradas. Afinal, os arrependimentos surgem quando renunciamos a algo necessário e não recebemos compensações por isso.

Estabeleça o índice de maturidade a partir de suas percepções e registre tudo no prontuário

Sugestões de filmes para o próximo encontro
- *Amor Sem Escalas* (Up in the Air)
- *Lendas da Vida* (The Legend of Bagger Vance)

Encontro 5

Qual o seu propósito?

Preparando-se para o encontro

Sua relação com o mentorado já está estabelecida e já suporta um aprofundamento nas questões que trocam a cada encontro. Seus argumentos possuem um peso maior e há possibilidades do seu mentorado sentir a pressão e adotar uma postura mais defensiva. O processo de reflexão é singular, por isso é importante sempre avaliar as expectativas do mentorado com os encontros e com sua vida. Esse é o principal objetivo nessa sessão.

Questione seu mentorado sobre as mudanças que ele observa em sua vida. Quais referências estão mais presentes em suas reflexões. Quais são as pessoas que influenciaram suas escolhas (as boas e as ruins) e que ações efetivas ele já consegue realizar.

Esse não é um momento para se concentrar em feedbacks sobre o comportamento de seu mentorado, mas sim em seus propósitos. Quais são os significados que ele atribui a cada escolha que faz e com o que ele pode se comprometer a alterar em sua trajetória. Esse é um momento de refletir sobre os planos futuros do mentorado.

Refletindo sobre os valores e propósitos

Faça perguntas abertas que proporcionem reflexões sobre os significados das escolhas do mentorado:
- O que lhe move?
- Para quê você existe?
- Como espera que falem de você, quando não estiver presente?
- Alguma vez você agiu contra seus valores? Por quê? E o que aconteceu?
- Já deixou de seguir sua intuição? Como se sentiu?
- Houve alguma situação que seguiu sua intuição e deu tudo errado?
- Valores têm diferentes pontos de vista?
- Quanto tempo você precisa para decidir sobre ética?
- O que é mais digno: "fazer as coisas certas ou fazer certo as coisas"?

Nesse encontro a prioridade é ajudar seu mentorado a refletir sobre seu futuro a partir de suas referências pessoais, principalmente aquelas que construiu no seu passado. Há possibilidades do mentorado manifestar ansiedade pelo futuro que ainda não chegou, e também angústia ou arrependimento pelo passado que já se foi. Seu papel como mentor é ajudá-lo a focar nas escolhas do presente.

A frase "Comece onde está, use o que tem e faça o que pode" é uma excelente ferramenta para apresentar, caso o mentorado se sinta perdido ou reclamando da falta de recursos.

É importante ele concluir que muito do que vive atualmente é resultado de suas escolhas. Sendo assim, ele deve assumir o controle da própria vida e ser o protagonista de seu caminho.

Estabeleça o índice de maturidade a partir de suas percepções e registre tudo no prontuário

Sugestões de filmes para o próximo encontro

- *Como Treinar Seu Dragão 2* (How to Train Your Dragon 2)
- *Em Busca da Terra do Nunca* (Finding Neverland)

Encontro 6

Cicatriz dói, mas ajuda muito

Preparando-se para o encontro

Você conhece o seu mentorado o suficiente para identificar as suas marcas e cicatrizes. Durante os encontros ele deve ter revisitado-as diversas vezes e apresentado a você diferentes versões sobre suas falhas.

A partir de agora a continuidade de sua relação estará diretamente ligada à forma do seu mentorado lhe enxergar. Você poderá ser uma fonte de inspiração e conselhos, pode ser aquela pessoa que sempre faz questionamentos que o levam a refletir. Ou pode ser apenas alguém que passou pela vida dele e ouviu suas histórias.

Escolher como você quer ser reconhecido por ele só depende da forma que você conduziu e continuará conduzindo a relação. Por isso, não desista de seu mentorado. Quando ele adotar o silêncio ou sumir por algum tempo, não fique aflito, respeite a decisão dele, mas não esqueça de enviar mensagens pedindo notícias.

Uma forma interessante é usar as redes sociais para manter o relacionamento, mesmo que superficialmente. Datas de aniversários, acontecimentos marcantes ou celebrações são coisas que as pessoas costumam postar. Acompanhe a vida de seu mentorado e, quando oportuno, dê um "alô".

Você irá perceber que o vínculo não se encerra depois de seis encontros.

Preparando o mentorado para protagonizar a vida

Faça perguntas abertas sobre os aprendizados e falhas do mentorado:

- Qual sua maior conquista? Por quê? (Repetir pergunta do Encontro 1).
- Qual sua maior falha? Por quê? (Repetir pergunta do Encontro 1).
- Quais renúncias você está disposto a fazer a partir de agora?
- O que foi mais impactante positivamente nos encontros?
- Qual reflexão foi mais dolorida ou levou a alguma escolha significativa?
- Que feedback você tem para seu mentor depois dos encontros?

Nesse encontro a prioridade é encaminhar seu mentorado para o futuro sem se esquecer de suas próprias cicatrizes. Repetir perguntas do primeiro encontro é fundamental para ambos, pois o processo de avaliação da validade dos encontros é mútuo.

Lembre-se da frase de Antoine de Saint-Exupéry:

"Cada um que passa em nossa vida leva um pouco de nós mesmos, e deixa um pouco de si mesmo. Há os que levam muito, e há os que deixam muito, mas não há os que não deixam nada..."

Estabeleça o índice de maturidade a partir de suas percepções e registre tudo no prontuário

Sugestões de filmes para o próximo encontro
- *Carros 3* (Cars 3)
- *Perfume de Mulher* (Scent of a Woman)

FORMULÁRIOS

CICATRIZES

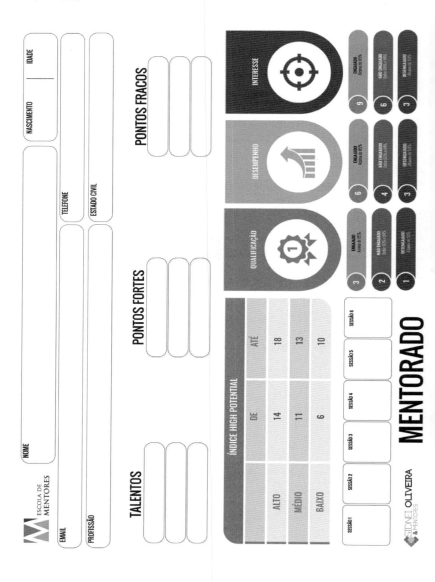

158

FORMULÁRIOS

ESCOLA DE MENTORES

RELACIONAMENTOS

ÍNDICE MATURIDADE

HISTÓRICO

SESSÃO 1 | SESSÃO 2 | SESSÃO 3 | SESSÃO 4 | SESSÃO 5 | SESSÃO 6

SIDNEI OLIVEIRA & MENTORES

CICATRIZES

ÍNDICE MATURIDADE

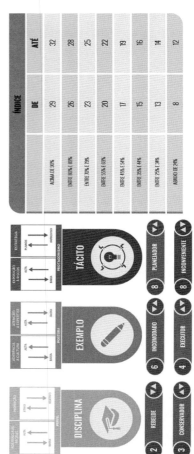

FORMULÁRIOS

ÍNDICE MENTOR

ESCOLA DE MENTORES

| SESSÃO 1 | SESSÃO 2 | SESSÃO 3 | SESSÃO 4 | SESSÃO 5 | SESSÃO 6 |

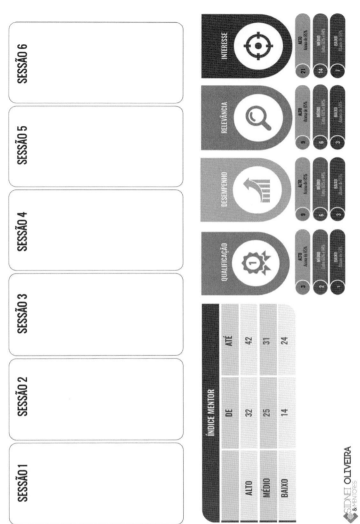

ÍNDICE MENTOR	DE	ATÉ
ALTO	32	42
MÉDIO	25	31
BAIXO	14	24

Referências

Livros:

O poder do hábito, Charles Duhigg. Editora Objetiva.
Gestão da Singularidade, Eduardo Carmello. Editora Gente.
Foco, Cássia Zanon e Daniel Goleman. Editora Objetiva.
Os 7 Hábitos das Pessoas Altamente Eficazes, Stephen Covey. Editora Free Press e Franklin Covey

Internet:

História da Comunicação Humana, Geraldo Magela Machado.
www.infoescola.com/historia/historia-da-comunicacao-humana/

Análise Combinatória: Combinação, Arranjo ou Permutação,
   Victor SantAnna.
xek.me/?p=1099

Multi Talentos - Why some of us don't have one true calling, Emilie Wapnick.
video-subtitle.tedcdn.com/talk/podcast/2015X/None/EmilieWapnick_2015X-480p-pt-br.mp4

It's Called a Life, not a Life Sentence! How to Move Forward When You Feel Stuck, Michaela Alexis.
https://www.linkedin.com/pulse/its-called-life-sentence-how-move-forward-when-you-feel-alexis

O que é disciplina?, Fran Christy.
www.excellencestudio.com.br/disciplina/o-que-e-disciplina.htm

Outras Publicações da Editora Integrare

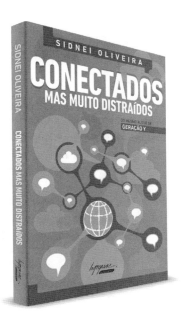

CONECTADOS
Mas muito distraídos

Autor: Sidnei Oliveira
ISBN: 978-85-8211-055-3
Número de páginas: 216
Formato: 14x21cm

Outras Publicações da Editora Integrare

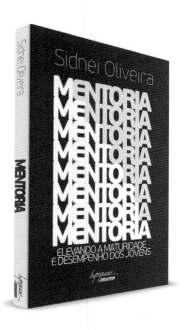

MENTORIA
Elevando a maturidade e desempenho dos Jovens

Autor: Sidnei Oliveira
ISBN: 978-85-8211-070-6
Número de páginas: 152
Formato: 14x21cm

Outras Publicações da Editora Integrare

GERAÇÕES
Encontros, desencontros e novas perspectivas

Autor: Sidnei Oliveira
ISBN: 978-85-8211-067-6
Número de páginas: 240
Formato: 14x21cm

Contatos com o Autor

www.sidneioliveira.com.br
facebook.com/sidneioliveirafan
linkedin.com/in/sidneioliveira2

Conheça as nossas mídias

www.editoraintegrare.com.br/blog/news
www.facebook.com/integrare
www.instagram.com/editoraintegrare
www.editoraintegrare.com.br